3인3색
세상을 걷다

3인3색 세상을 걷다

초판 1쇄 인쇄일 | 2018년 5월 15일
초판 1쇄 발행일 | 2018년 5월 20일

글쓴이 | 이철수 추현엽 고진석
펴낸이 | 하태복

펴낸곳   이가서
주소   경기도 고양시 일산서구 주엽동 81 뉴서울프라자 2층 40호
전화   031) 905-3593
팩스   031) 905-3009
등록번호 제10-2539호

ISBN 987-89-5864-327-2 13980

* 가격은 뒤표지에 있습니다.
* 잘못된 책은 구입처에서 바꾸어드립니다.
* 이 책은 저작권법 제97조의5에 따라 보호받는 저작물입니다.

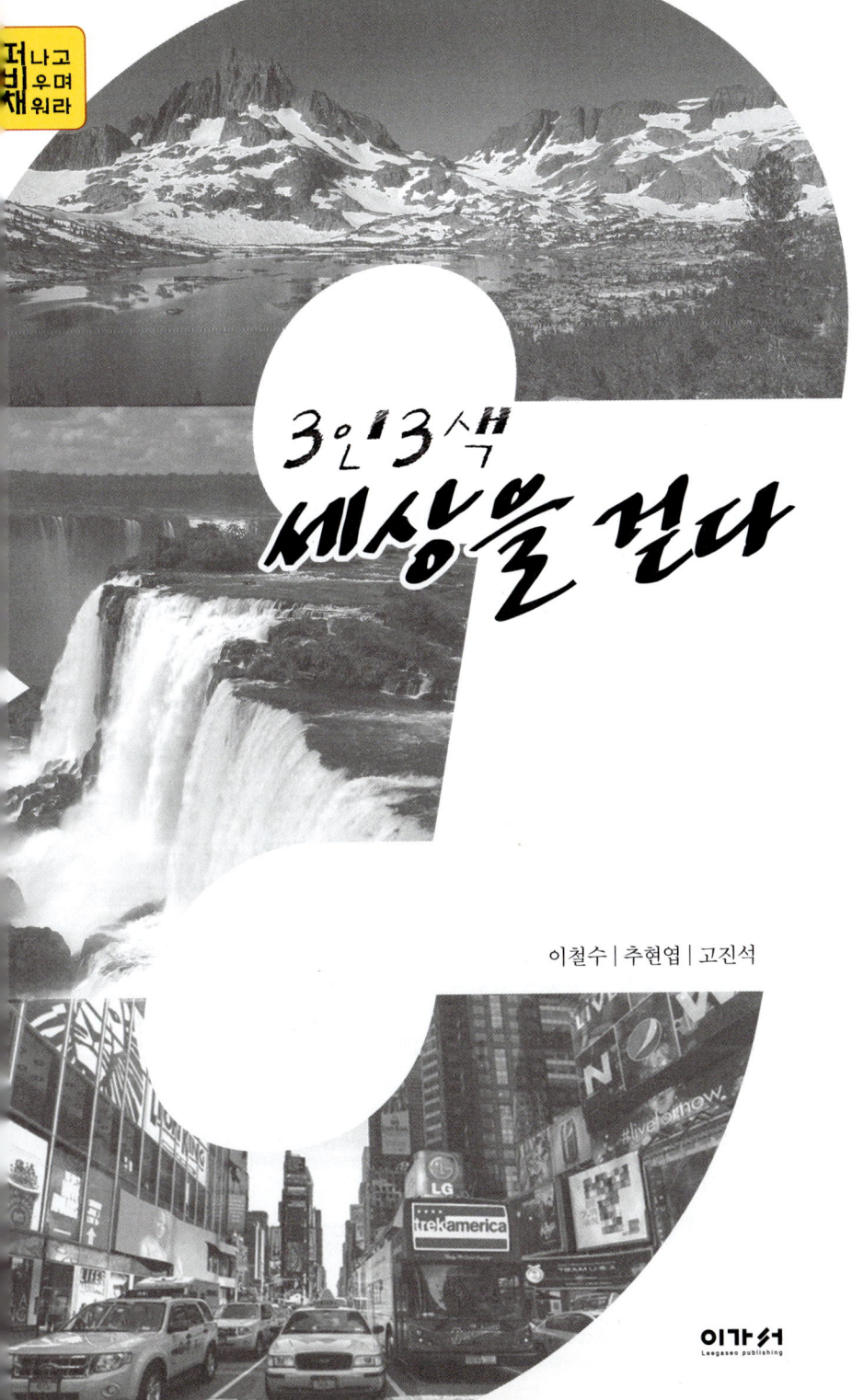

3인 3색
세상을 걷다

이철수 | 추현엽 | 고진석

이가서

머리말

왜 사람들은 여행을 하는 것일까?

편안한 집과 안정되고 익숙한 일상을 버리며 낯선 곳에서 여행이라는 것을 해야만 하는 목적이 무엇일까?

여행에도 여러 가지 종류의 여행이 있다. 단순히 유명한 사적지나 관광지 아니면 걸출한 자연환경이 있는 곳을 경험하는 관광 여행도 있고, 맛있는 음식을 따라 그 음식의 원산지나 뛰어난 생산지에서 맛을 즐기는 식도락 여행처럼 휴식 차원의 즐기는 여행이 있는 반면, 위대한 자연을 인내와 끈기로 탐험하는 여행도 있고, 여행하는 곳의 사람들과 문화를 깊이 알기 위해 그들의 삶 깊숙이 뛰어드는 체험 여행도 있다. 또 길을 따라 가며 꼼꼼히 서로 다른 지역을 비교해 가는 그런 여행도 있다.

이처럼 다양한 여행에 목적이 없을 수는 없다. 사람들은 각자 다른 여행의 목적을 가지고 여러 가지 여행을 하며 여러 종류의 교통수단이 그들의 여행을 더 특별나게 해주기도 한다.

난 여행의 목적이 크게 떠남과 비움과 채움이라 생각한다. 어떤 마음으로 떠나고 무엇을 비우고 무엇을 채울지는 각자 다르겠지만, 많거나 필요 없는 것은 여행을 통해 비우고 부족하거나 필요한 것은 채우는 것이 여행을 통해 이루게 될 것임이기 때문이다.

우리들은 여행을 통해서 자신의 욕심도 버리고 미움도 버리고, 아픔과 슬픔, 미련도 버린다.

또 우리들은 여행을 통해 그리움을 채우고 의욕을 채우고 화해와 용서를 채우고 사랑을 채우며 여러 가지 삶의 에너지를 충전한다. 하지만 비우고 채우는 여행의 본질도 세상에 얽매어 떠나는 용기가 없는 사람에게는 그 기회조차 오지 않을 것이다.

불교 신자는 아니지만 잠시 본 불경에 의하면 인간은 끝도 없는 욕심의 존재라고 한다.

한 가지를 가지면 두 가지를 가지고 싶고 두 가지를 가지면 남들보다 더 많은 것을 가지고 싶어 하는 것이 인간인 것이다. 그 끝없는 욕심이 얼마나 이 세상 역사를 바꾸어 놓았는지 독자님들도 잘 아시리라 생각된다.

단언컨대 이 세상 사람들 중 단 한 명도 자신의 삶에 대해 100% 만족하는 사람은 없을 것이다.

이는 세상의 모든 부를 지닌 사람일지라도 뭔가 한 가지는 부족하다고 느끼고 그 한 가지 때문에 슬픔에 빠지고 심하면 파탄에 이르는 것을 우리는 신문 기사나 뉴스를 통해 종종 확인하고 있다.

이와 같이 사람들은 삶이 끝나는 날까지 부족함과 과함으로 인해 늘 스트레스에 시달리고 불안해한다. 타인과 비교하며 끊임없이.

물론 모든 삶에서 그런 것은 아니다. 삶의 중간 중간에 기쁨도 있고 행복도 있으며 만족도 있어 행복도 느끼고 성취감과 우월감,

안도감도 느낀다.

하지만 그 만족 뒤에는 또 다른 욕심이 생기기 마련이라 곧 또 다른 목표를 향해 나아가야 한다.

굳이 다른 목표를 향해 나아가지는 않더라도 이제껏 목표를 이루기 위해 노력하면서 얻은, 몸과 마음의 상처에 시달려야 하는 경우도 허다하다.

욕심을 버리고 어느 정도 이루었고 가졌다고 생각 했을 때 막상 뒤돌아보면 놓치거나 버려진 것들로 인해 생기는 후회와 허탈감 역시 우리를 괴롭히기는 마찬가지인 것이다.

난 이 괴로움의 고통과 스트레스 허탈감을 진정으로 치유할 수 있는 것은, 세상을 벗어나 자신의 삶을 관조할 수 있게 떠날 줄도 아는 용기와 떠난 여행을 통해 버림과 채움을 실천할 때에만 그 감정들에게 해방 될 수 있을 것이라 생각한다.

본 책에 소개된 세 가지의 색다른 여행자들 또한 이 범주에서 벗어나지 않는다.

책에 적힌 것처럼 옆도 뒤도 돌아볼 여유 없이 오로지 앞만 바라보고 달려 온 직선의 삶에서, 삶의 뒤나 좌우의 삶인 곡선의 삶을 되새겨 보겠다는 일념과 걸어보지 못한 앞쪽에 대한 두려움을 극복하기 위해 존 뮤어 트레일 트레킹이란 고난의 여행을 택해 떠나는 용기를 가진 의지의 여행자, 과중한 업무로 돌연사한 직장 상사를 보며 받은 괴로움과 스트레스를 비우려 미국을 포함한 남미 5개국으로 훌쩍 떠나버린 비움의 여행자, 또 자유로움과 여행의 본질을 만끽하기 위해 어린 딸과 함께 미주 여행을 떠난 따뜻한 사랑을 채워 온 채움의 여행자.

이 세 명의 여행자들은 과연 무슨 마음으로 떠났고 무엇을 비우고 무엇을 채웠을까?

누구나 한번쯤은 문득 살다가 자신에 대해 생각해 본다.
도대체 너는 누구인가? 난 지금 왜 여기서 무엇을 하고 있으며 왜 이러고 있는가?
한참 길을 걷다가 무엇에 이끌려 아님 딴 생각을 하다 길을 잃어버린 것처럼 우린 다람쥐 채 바퀴 돌 듯 살다가 문득 이런 생각을 하게 된다.
원래는 자신만의 꿈을 위해 오로지 직진만 하다가 문득 드는 이 생각에 잠 못 이루고 답을 찾기 위해 애쓰는 나를 발견하게 될 것이다.
하지만 그 답을 찾기란 수능이나 입사 시험의 답보다도 더 어렵고 힘들 수도 있을 것이다.
우리는 곧 깨달을 것이다. 진정한 나를 찾는 것은 그 누구도 아닌 나만이 할 수 있는 것이라는 것과 수능과 입사시험의 문제처럼 답을 알려주는 참고서조차 없다는 사실을.

당신은 앞만 보고 달려오다 나이를 먹었음을 느끼고 자신의 육체를 시험하는 고난의 여행을 선택하는 용기를 가진 적이 있는가?
당신은 과중한 업무에서 생긴 스트레스를 떨쳐 버리기 위해 과감히 자신이 힘들게 이룬 세상을 버리고 고단함과 슬픔과 미안함과 고통을 과감히 비울 수 있는가?
당신은 가족을 위해 당신의 친숙하고 안정된 일상을 놓아두고 낯선 곳으로 가서 진정한 사랑을 찾아 채울 수 있는가?

이 물음에 답을 하기 위해 우리는 종종 여행을 떠난다.

하지만 이런 여행을 하기위해서는 자신의 일상을 벗어나는 용기가 필요하고 과감한 비움이 필요하며 채울 수 있는 너그러움이 있어야 할 것이다.

이 답은 오로지 당신들의 몫이다. 물론 여행 말고도 이 답을 채울 수 있는 것들이 존재한다. 하지만 이 물음에 가장 신속하게 그리고 정확하게 해 줄 수 있는 답은 여행일 것이라고 누구나 공감할 것이다.

부디 본 책을 통해 진정한 떠남과 비움과 채움의 즐거움을 찾을 수 있는 계기를 발견하기를 진심으로 바라며 자신의 여행기를 제공해주시고 인터뷰와 제작에 도움을 주신 세 분의 여행가님께도 깊은 감사를 드린다.

추천의 글

　별로 내세울 만한 것은 못되지만 여행 밥을 먹은 지 햇수로 20년이 됐다. 직업 탓에 날이 좋아도, 날이 좋지 않아도 어딘가로 떠나야 했다. 드라마 〈도깨비〉의 명대사처럼 '모든 날이 좋았다'라고 말할 수는 없지만 길 위의 만남은 어느 하나 소중하지 않은 것이 없었다.
　그동안 무수하게 많은 길들과 만나고 헤어지기를 거듭했다. 체코 프라하의 황금소로는 대문호가 머물던 길이고, 멕시코 테오티우아칸의 죽은 자의 길은 기실 죽으러 가는 길이었다.
　호주 멜버른 외곽의 그레이트 오션 로드는 세상에서 가장 아름다운 해안 도로이고, 캐나다 가스페 반도의 칙촉 마운틴은 초록으로 짙게 물든 길에 에워싸여 있다.
　그리고 여기 세 남자의 '길'을 담은 책이 있다. 이순이 넘은 나이에 23일간 무려 413km의 산 속 길을 온몸으로 접속하여 떠남의 용기를 보여 준 이야기도 있고, 아픔을 겪고 떠난 여행에서 비움을 실천하고 많은 에너지를 채워 온 줄기차게 앞만 바라보고 열심히 살아 온 직장인의 이야기도 있다. 그리고 2003년 트렉아메리카와 아메리카 전문 여행사 허클베리핀을 설립해 남들이 가지 않은 낯선 길을 개척한 40대 여행가와 여덟 살 딸과의 사랑을 듬뿍 채워 온 이야기도 있다.

특히 세계 3대 트레일 중 하나로 손꼽힌다는 '존 뮤어 트레일'을 완주한 이철수 선생의 이야기가 감동적이다. 존 뮤어 트레일은 여러모로 완강한 신비를 견지한 곳이다. 연중 4개월 동안 겨우 수백 명에게만 '세상 어디에도 없는 풍경'을 허락한다.

초자연이기에 길은 험하고, 모기떼의 공격은 집요하며, 끼니는 간편식으로 해결해야 한다. 저자는 까무러칠 만큼 힘든 여정을 15kg 배낭을 멘 채 하루 평균 18km씩 감당해냈다. 거칠고 가쁜 숨과 천근만근 무거운 다리가 선연하게 떠오른다. 트레킹의 속살도 물론 인상 깊지만 등산 경험이 일천했던 저자의 수년에 걸친 준비 과정과 도전 정신, 인식의 전환도 곱씹게 된다.

덕분에 경력만 믿고 나른했던 여행 작가로서의 내 삶도 되돌아보게 됐다. 우리 앞에 놓인 길은 여전히 많고, 다시 신발 끈을 단단히 묶을 때가 아닌가 싶다. 여행길은 나이, 직업, 성별에 상관없이 누구에게나 공평무사하다.

노중훈(여행 칼럼니스트)

차례

머리말 _4

추천의 글 | 노중훈 _9

_13

존 뮤어 트레일 413.44km를 걷다

| 이철수

_187

일상의 생활에서 탈출, 76일의 세상 여행

캐나다, 미국, 브라질, 볼리비아, 페루

| 추현엽

_291

다영이와 함께 사랑을 채우는 트렉아메리카

| 고진석

떠나고 비우며 채우다

3인 3색

존 뮤어 트레일
413.44km를 걷다

이철수

프롤로그

나를 찾지 말아 달라,
내가 나를 찾아 올 때까지

"존 뮤어 트레일"을 알게 되다"

누구나 한 번 이상은 여행을 떠난다. 긴 여행일 수도 있고 아주 짧은 여행일 수도 있다. 아니 우리네 인생 자체가 여행일 지도 모른다. 하여튼 여행이란 우리 보통 사람들에겐 꽤 특별한 것이어서 오랫동안 기억나게 마련이고 개인 각자에게 많은 것들을 남겨준다. 여행도 여러 종류라 크게 보자면 무조건 즐기는 여행이 있을 것이고 자신이던 무슨 대상이던, 아니면 사실이던 그것이 무엇인지 상관없이 무언가를 찾아 떠나는 아주 의미로운 여행이 있을 것이다.

세상을 살아가며 스트레스 없는 사람은 단 한 사람도 존재하지 않을 것이고 나름 고생스럽지 않은 사람도 없을 것이다. 하물며 길다면 긴 육십 평생을 오로지 앞만 보고 달려 온 사람들이야 그 스트레스며 그 힘듦이 오죽할 것인가!

어느 샌가 썰물처럼 빠져나간 시간처럼 이리 쏠리고 저리 쏠리며 세월의 부름에 불려가는 낙엽을 보며, 살아온 시간보다 살아

갈 시간이 짧다는 것을 문득문득 느껴가던 중인 지난 2011년 8월 19일자 중앙일보 '위크앤'에 난 "존 뮤어 트레일" 2박 3일 트레킹 소개 글을 우연히 읽고 "세상에 이런 곳도 있었구나? 이렇게 멋지고 자연보호 그 자체인 길이 여기에 있었구나?"하며 흥분되어 오는 나를 발견할 수 있었다. 이 길은 내가 반드시 걸어 가야할 길임을 마음깊이 새기며, 나의 여행은 시작되었다.

이렇게 마음에서 수도 없이 그리며 책상 위에서 펜으로, 걷던 그 길을 가는데는 달력을 한참 많이 떼어내고서야 가능했다. 우리 삶이 그러하듯 계획은 쉬웠으나 실행에 6여년이 소요될 정도로 그 첫걸음을 떼는 실천은 어려움 그 자체였다.

내 삶을 돌이켜보건데 옆도, 뒤도 돌아볼 여유 없이 오로지 앞만 보고 직선으로 내달리기만 한 지난날을 돌아보고 좌, 우와 상, 하도 둘러보는 곡선의 시간을 음미하고 싶은 절절한 소망이 어느 샌가 내 몸속에서 꿈틀대고 있는 소리를 듣게 되었고, 세상을 향해서 밖으로만 열려 살아온 일상의 삶을, 오직 나로 향한 길을 걷고 싶었다.

더 망설이거나 주저하지 말자! 더 늦기 전에 그 길을 걷자! 그리고 돌아보자 "나는 어떻게 생을 살아 왔고 현재는 어떻게 살고 있으며 앞으로는 또 어떻게 살아갈 것인가? 그래서 그토록 그리던 길 위에서 지치도록 걸어보자! 걷다 지쳐 쓰러지는 한이 있더라도 그 길의 시작과 끝을 함께해 보자!"라고 생각하고 그 첫걸음을 세계 3대 트레일 코스 중 내가 처음으로 알게 되었고 나를 흥분시킨 존 뮤어로 정한 것이다.

때로는 가장 필요한 것을 가장 멀리 두어야 할 때도 있는 법이지 않는가? 먹고 사는 문제는 잠시 대한민국 서울에 두자! 그리고 가자! 걷자!
　이제는 훌훌 벗어 던지고 오로지 나를 만나고 싶다.

"동네 산도 잘 못 가는데,
내가 감히 세계3대 트레일을
걸을 수가 있을까?"

　　　　　　　　　　다른 길이었어도 이렇게 걷고 싶어서 잠까지 설쳤을까? "아니다"라고 당당히 말할 수 있는 이곳!
　등산 장비를 구입하느라 종로5가 등산용품점으로 동네 아차산역 주변 용품점을 여러 차례 찾고 사람이 달라졌다는 말을 들어가면서 먼 도봉산 아래 등산복 판매점까지 찾아갔다.
　우리나라에서 산 좀 탄다는 사람들이 흔히 입에 올려 훈장(勳章)처럼 애기하는 "백두대간"이 어디 붙어 있는지도 모르고, 동네 등산모임에서 봄, 가을 연중행사로 한 번씩 가는 북한산, 관악산 그리고 근교의 청계산, 유명산을 두어 번 빈 몸으로 따라 오른 경험에 더하여 김밥 두 줄, 청포도 알사탕 한 봉지 넣은 간편 쌕을 짊어지고 오른 지리산 2회(의신~세석평전~천왕봉~중산리)등반이 제 등산 역사의 전부인 그야말로 산에 대하여 뭘 모르는 내가 난생 처음 제대로 갖춘 장비로 이번 존 뮤어 트레일을 처녀 등반 한 나의 경험을, 나처럼 공원을 걷거나 집 주변 길거리를 걷는 것이 걷기 역사의 전부인, 우리 주변 남녀노소, 선남선녀의 발걸음을 이제 동네에서 세상으로 내딛게 해주고픈 작은 욕심이 생겨났으며, 그리하여 산(山)경험이 전혀 없는 누구나 "갈 수 있는 곳"과 그 누구나가 "나도 얼마든지 걸을 수 있는 곳이다"는 희망의 씨앗을 심는 심정으로 이 글을 쓴다.

이런 체력으로 거길 간다고?
체력 관리는?

대자연에서의 트레킹을 전쟁으로 표현할 수는 없는 일이겠지만 반드시 완주하고야 말겠다는 투지를 다지는 의미에서 유비무환(有備無患), 즉 "평화를 원하거든 전쟁을 준비하라"는 4세기 고대 로마의 전략가 "베게티우스"의 명언을 제일 앞에 높이 세우고 부족한 영어는 EBS방송교재를 통해 매일 회화 위주로 1년여 동안 공부하였고 체력 단련은 종주를 위한 목표를 정하고 시작했다.

그 첫걸음으로 출퇴근시간을 통한 걷기는 기본이고 걷기 목표로 존 뮤어 트레일에서 1일 평균 걷는 18km정도를 감안하여 매일 2만보(일일 약 18km)에 도전하는 시간을 보냈다. 휴대폰에 걷기 양(量)체크가 가능한 앱이 있어 존 뮤어 트레킹 준비에 유용하게 도움이 되었다. 아시다시피 목표 없이 던지는 돌멩이와 목표를 정하고 던지는 돌멩이는 결과에서 당연히 차이가 날 수밖에 없는 것처럼 목표가 주어지면 그 근처까지 가게 되는 법인지라 오가는 하루의 대부분을 걸어 다니며 평상시 목표 관리를 하였다.

이렇게 꾸준하게 걷기를 하였음에도 낮 시간에 2만보에 미달하는 날의 마지막은 동네에 있는 서울 어린이 대공원에서 목표를 채우고 집에 가곤 했었다. 저녁 10시가 넘은 날은 출입이 금지되어 인적 없는 대공원 남문 입구에서 안으로 들어갔다가 되돌아 나오길 수 없이 반복하였고, 공원 운영 시간 내일 때에는 사람들 눈에 많이 띄지 않는 야외 음악당 주변을 돌아다니며 2만보 목표를 달성했다.

이것으로만은 부족한 체력을 보강할 수 없어 2017년 1월부터 동네 헬스장에서 본격적인 몸 만들기에 돌입 하여 근력 강화 및 달리기나 걷기 운동을 꾸준히 하며 일일 걷기 목표 걸음 수를 달성하거나 또는 초과하며 숫자를 채우는 일에 밀린 방학 숙제하듯 매달려 갔다. 출발이 임박하여서는 서울 둘레길 2개 코스와 북한산을 등반하며 마무리 실전훈련을 하기도 하였다.

이번 트레킹을 준비하고 다녀오면서 많이 도움이 된 책이 있어 소개 올린다.
먼저 다녀와 친절하게 세세하게 안내해 주신 김영준 님의 "존 뮤어 걷기 여행"과 일찌감치 다녀와 한국에 처음으로 존 뮤어 길을 책으로 소개해 주신 신영철 님의 "걷는 자의 꿈. 존 뮤어 트레일" 책에서 많은 도움을 받았음을 밝힌다. 두 분의 책이 없었다면 제가 여행하는데 큰 어려움이 있었을 것은 자명한 사실일 것이다. 여러 곳에서 좋은 말씀과 정보를 많이 가지고 와 올렸음을 말씀드리며 많은 해량 있으시길 바라며 이 자리를 빌어 고맙고 감사하단 말씀을 드린다.

드디어 출발이다!
존 뮤어 트레일,
미국으로 향하다

서울을 떠나 장도에 오르다!

7월 6일(목): 서울(인천공항) ➡ L.A. ➡ 맘모스 레이크

생계의 현장인 사무실은 대학과 직장 후배인 듬직한 지충식에게 지켜 달라 부탁하고 퇴근한 7월 5일 밤! 좀처럼 무게와 부피가 줄지 않는 백팩(backpack)에 넣었다 다시 꺼내기를 반복하며 이 세상 태어나 처음으로 배낭을 꾸리느라 취침해야 할 시간에서 한참이 지난 새벽 2시에 간신히 잠자리에 들었으나 늦어서인지 아님 괜히 흥분해서인지 오지 않는 잠을 잡아끌며 꿈속으로 들어가 보지만 한 숨도 이룰 수 없어 뒤척이다 새벽 4시 경 가까스로 잠들어, 약 1시간 가량 취침하고 알람으로 설정한 새벽 5시 보다 먼저 일어나 띵한 머리로 출발 준비를 시작한다.

어젯밤 늦도록 아니 조금 전 새벽까지 꾸린 상당한 무게의 배낭을 힘겹게 메고 집을 나선다.

배낭이 주는 무게 때문에 주저함없이 택시라도 타고 공항 행 리무진버스 정류장까지 가야 되는 것 아닌가? 순간 생각도 들었지만 그래도 명색이 세계 3대 트레일의 하나인 존 뮤어 트레일을 트레킹 한다는 사람이 이 정도의 가까운 거리를 걷지 않고 배낭을 메고 차를 탄다는 게 아닌 것 같아 "걷자!"라고 생각을 고쳐먹고 걷는

존 뮤어 트레일로 출발하기 위해 인천공항에서. 모자에는 존뮤어 트레킹 개요를 '자수'로 제작하여 부착함으로써 완주 의지를 대내외에 표출함.

다. 버스 정류장까지 짧은 거리를 걸었음에도 저질 체력임을 세상에 공지라도 하는 듯 새벽의 시원한 공기가 무색하게 땀을 흘리며 도착했다. 스멀스멀 밀려드는 걱정. 배낭 무게가 장난이 아니다.

 이른 시간임에도 공항 행 정류장에는 먼저 와 기다리는 젊은 여행객들의 큰 가방이 줄지어 있고, 그제야 느끼는 여름날 새벽의 신선한 공기가 나를 호위하듯 감돌고 있음을 감지한다. 공항버스를 승차하고 시원한 에어컨으로 땀을 식힌다.

 공항으로 밀려드는 리무진들이 곳곳에서 목격되더니 벌써 인천공항이다. 어디론가 향하는 사람들로 공항은 일찍부터 난리법석이다. 국내에서 유일하게 같이 가기로 한 신경호 초등학교 후배도 거의 같은 시간에 도착, 우린 '존 뮤어 트레일' 트레킹 국가대표팀이 되었다.

미리 예약된 일본 항공에 가서 좌석 배정을 받고 그 자리에서 메고 온 배낭도 큰 비닐봉지에 넣어 붙이고 나니 허리에 두른 여권이 든 팩만이 남은 자유로운 몸이 된다. 배낭 없는 아니 무게 없는 이 자유가 좋은걸 온 몸으로 느긋하게 느끼며 공항 이곳 저곳을 다니며 구경도 하고 커피숍에서 커피도 한 잔시켜 공항에 온 폼을 좀 잡아 본다. 수속 밟고 출국장으로 나가 사지도 않을 면세점을 기웃거리다 탑승시간이 되어 비행기에 오른다. 일본 동경의 나리따(成田)를 경유하는 노선이다. 경유하는 승객은 외부로 나갈 수 없어 공항 내 통로에 갇힌 신세인지라 나리타공항 청사 내에서 공항으로 내리는 비행기 숫자를 일없이 세어도 보고 무료하게 꼬박 3시간을 왔다 갔다 걷기 운동을 하다 지쳐갈 무렵에 아메리칸 항공 LA행 비행기로 환승한다.

장장 약 10,000km에 육박하는 거리(아메리칸 항공 기내 안내 화면에서는 8,932Km를 가리킨다). 비행시간이 장장 10시간 30분이란다. 그 긴 시간 비행기가 하늘에 떠 있을 수 있다는 것이 초등학생처럼 신기하게만 느껴졌다. 등받이에 붙어 있는 화면을 통하여 영화도 보고 틈틈이 비행경로와 남은 거리를 확인하며 난 "결단코 진지를 사수하라"는 명령이라도 받은 군인처럼 긴 시간을 미동도 않고 때 되어 가져다주는 기내 식음료를 먹고 마시며, 좌석을 이석치 않고 착륙까지 진지를 내내 사수하고 있었다.

어느 새 작은 창틈으로 밖은 어두워 졌고 마술사가 마술을 하듯 날짜 및 시간이 변경되고, 밝은 한낮에 도착을 알린다. 여기가 LA 이란다. 낯선 곳 LA! 세계 각국에서 구름처럼 몰려드는 여행객들로 인하여 입국 심사대는 줄을 길게 서고 온통 영어 세상이다. 언어가 원활하지 않은 자의 어려움에 걱정이 먼저 덜컹거린다.

 익숙지 않은 환경에서 출입국 신고서 작성하랴 눈동자와 지문을 찍고 면접을 하느라 한참 걸려서 통과한 미국. 입국장을 나와 짐을 찾으러 가니 동작 멈춘 짐수레는 깨끗하게 비워있고 우리 배낭 두 개만이 덩그러니 공항 수동 캐리어에 실려서 우리를 기다리고 있다. 이때가 현지시간 오전 11시 15분이다. 배낭을 다시 메고 국내선으로 갈아타기 위해 공항을 나선다. 기시감(既視感)이라고 했던가? 첫 느낌이 서울의 모습과 많이 닮은 회색 도시 모습이다. 도착을 증명하기라도 하듯 공항을 뒤로 두고 사진을 찍어 본다. 국제선에서 국내선 갈아타는 곳은 같은 공항에 위치하지만 한참을 걷게 만들었다. 국내선 항공은 국제선보다 오히려 더 보안검사가 까다로워 신발까지 벗어 X-Ray검사대를 통과시키고 승객은 맨발로 걸어서 통과하도록 하는 것이 지난 2001년 9월 11일 겪었던 항공기 테러로 인한 안전에 민감한 미국의 현 상황을 말해 주는 것이리라.

 수속을 밟고 또 한참을 LA 국내선에서 대기한 후 맘모스 행 국내선 쌍발 비행기에 올랐다. LA 시가지를 서에서 동으로 가로 지르며 산악 지대를 한 시간가량 비행한다. 처음 만나는 색다른 산과 산맥과 들판과 황무지! 그리고 간간히 호수와 돌, 나무가 영화 상영관의 스크린처럼 프로펠러 소리와 함께 스쳐 지나간다. '아! 우리가 지금 비행기로 횡단하는 이 산들과 큰 산맥 속에 우리가 걷고자하는 존 뮤어 길이 있겠구나. 저 높고 험하고 황량하기까지 한 저곳들을 오로지 두 발로 종단을 해야 하는 곳이구나.'라고 생각하니 나도 모르게 절로 두 다리에 힘이 들어가고 있었다.

맘모스 레이크 행 비행기에서. 내려다 본 눈 덮힌 산과 산 속 호수 전경.

큰 산을 멀리 두고 야트막한 주변 산으로 둘러싸여 새 집 같은 포근한 느낌이 드는 맘모스 공항에 요란하게 내리는 비행기. 우리가 타고 온 비행기 밖에 없는 이곳엔 비행기 엔진이 멈추자 금방 조용해지며 주변으로 평온이 번진다.

배낭을 둘러메고 두리번거리며 바로 옆 작은 맘모스 공항 대합실을 거쳐 밖으로 나갔다.

대기하고 있던 셔틀 택시 기사가 벌써 우릴 알아보고 반갑게 인사를 건넨다. 딱 배낭을 멘 폼이라 정답이라도 우리에게서 발견한 듯 주저 없이 말을 걸고 대기한 차량으로 안내한다.

15분 정도 달려 도착한 곳은 휴양도시 맘모스 시내 북쪽에 위치한 "알펜호프 랏지(Alpenhof Lodge)". 쭉쭉 뻗은 소나무가 숙소를 호위하듯 서 있는 곳이다. 흡사 우리나라 경포대 해수욕장 소나무 숲 속에 있는 호텔 모습이다.

체크인을 하고선 여장을 풀고 저녁 먹을 곳을 찾아보나 마땅치 않아 피자가게에서 익숙한 피자 한 판을 사와 서울에서 가져온 팩 소주와 함께 저녁이 된다. 술기운을 빌어 먼 이국에서의 첫날밤을 맞는다.

'아 미국에! 우리의 목적지에 무사히 도착한 것이 맞구나.'라며 긴 이동으로 피곤해져오는 몸을 쭉 누이며 안도 한다.

출발지인
Cottonwood Camp Ground로 향하다
7월 7일(금): 맘모스 레이크 ➡ 비숍(Bishop) ➡ Cottonwood Camp

소나무 숲 속의 아침은 새소리와 함께 일찍 찾아 왔다. 세수하고 호텔식당에서 제공되는 뷔페로 아침을 양껏 먹어 둔다. 앞으로 산 속에서 제대로 된 식사가 나올 것인지 걱정을 해보며 입에 익숙한 계란프라이와 식빵을 구워 딸기 잼을 발라 먹었다. 아직 픽업할 시간은 남아 호텔 주변으로 지리도 익히고 산책삼아 다녀본다.

난생 처음 보는 풍경을 담아 사진도 찍고 주변으로 이리저리 다니는데 자전거 탄 한 무리의 라이더들이 찻길 옆으로 난 산책로로 쏜살같이 지나간다. '우리 인생도 저렇게 달리는 자전거처럼 순식간에 지나가는 거겠지?'라는 생각이 걱정처럼 스며든다.

하늘은 맑았고 여름날 아침 기온으론 이 정도면 덥지 않고 적당했다.

픽업할 차량이 약속한 10시 도착한다. 함께 여행할 일행 2명을 맘모스 이곳저곳 호텔을 찾아 태우고 황량하기만 한 산야를 뒤로 하고 두 시간 정도 남쪽으로 달려 도착한 곳은 비숍(Bishop)이라는 도시! 도시 규모가 생각보다 작다. 도착과 동시에 여행사 간이 사무실에 들러 가이드 2명이 실시하는 장비 점검 시간이 된다. 밤새 작은 옷상자에 이리저리 힘겹게 집어넣고 온 장비들이 하나두울 산행에 필요 없는 장비로 분류되어 사무실에 남겨지고. 이어서 각자 자기소개를 했다.

장비 점검과 일행 소개가 끝나자 처음 온 낯선 곳에서 각자 알아서 먹는 점심시간이 된다. 작은 동네엔 가게가 빤하여 찾아 들어간 곳엔 우리와 함께 같이 타고 온 영국인 2명도 익숙한 모습으로 벌써 식사 중이다. 이들은 여유롭게 우릴 반긴다. 눈에 익은 빵으로 주문하여 배를 채우고 다시 집결(트레커 4명+남여 가이드 각 1명=총 6명)하여 남겨진 물품 중에서 주(週)단위로 사용할 물건을 다시 분류해두고 식량으로 가득 찬 곰통 하나와 공동 물품으로 나에게 배정된 버너와 텐트 골조(骨組)를 받아 백팩에 넣는다. 부피며 무게가 벌써 심상찮다.

픽업 차량은 갈 길이 바쁘다는 듯 서둘러 비숍을 출발한다. 이때가 오후 2시. 이곳까지 오면서 본 익숙한 풍경으로 남쪽으로 두 시간 정도를 달리고 나서 마지막에는 산으로 난 지그재그 길(호르세쇼 메도우스 로드Horseshoe Meadows Road)을 올라 첫 야영지인 Cotton Wood 캠프 그라운드에 도착한다.

텐트를 친다. 서투르다. 한참을 둘이서 낑낑 데다가 결국은 가이드의 능숙한 도움의 손길을 받아 완성 된다. 갖고 온 슬립핑 패드, 침낭 등으로 첫 잠자리를 준비한다. 우리의 도착을 제일 먼저 모기

미국 도착 첫날 머문 호텔 알펜호프 랏지. 소나무 숲 속에 자리하고 있다.

가 반기는 이곳! 이놈들은 자기들이 영토의 주인이라도 되는 듯 왱왱거리며 하룻밤 길손에게 무지막지(無知莫知)하게 환영 깃발을 꽂는다.

차량 접근이 가능해서 찾는 사람이 많아서인지 일부 도로도 포장되어 있고, 수도(水道)도 준비되고 화장실도 있어 여간 편리한 곳이 아니었음을 아는 데는 채 하루도 걸리지 않았다.

주변으로는 먼저 온 야영객들이 몰고 온 차량과 곳곳에 펼쳐 놓은 형형색색의 텐트 세상이다.

처음으로 맞는 저녁식사 시간! 가이드가 준비하고 만드는 저녁을 보고만 있다. 간단한 식사 도구며 반찬 없는 음식들. 시에라 컵과 숟가락 하나가 전부인 내 살림살이! 가이드가 퍼 주는 대로 받아 먹는다. 맛이 없다. 입에 맞지 않는다. 그래도 먹어야 한다. 내일의 힘든 일정을 견뎌내기 위해선…….

식사가 끝나자 냄비에 끓여 놓은 뜨거운 물 한 냄비! 적당량을 식기에 붓고 손가락 두 개로 그릇과 숟가락을 닦는다. 그리곤 한 번 더 물로 헹구면 설거지 끝이다. 이건 너무 간단하다.

이어진 후식시간! 등반 규칙과 내일부터 걷게 되는 길에 대한 준수할 사항에 대한 설명이 가이드의 입에서 빠르게 계속 된다. "Write It Down!"을 말하며 적어 달라고 얘기해 보지만 단어 두 개 적고는 잠시 천천히 말하는 것으로 대체되고 만다. 세수와 이빨 닦는 요령과 사용한 화장지를 수거해야 된다는 것 등이 포함된다.

이른 저녁을 먹고 나니 더는 할일이 없다. 모기는 계속 설치고 우린 텐트로 피신한다. 겨울 상의와 등산복 얇은 하의를 착용한 채 침낭 속으로 들어간다. 난생 처음 들어가 보는 침낭, 이건 천상 누에꼬치 속 누에 모습이다. 돌아눕기도 힘이 든다. 천천히 몸을 돌려가며 돌아눕는다. 꼬치구이 할 때의 꼬치가 돌아가는 모습이다.

가져간 팩소주로 산속에서 맞는 첫날밤에 의미를 부여하자. 숲을 비집고 저 멀리 달이 떴다. 저 달이 정녕 한국에서 외로운 나를 지켜주기 위해 따라온 달인가? 생각해 본다.

존 뮤어 트레일을 가다(7/8~7/30)
걷다 256.9Mile(413.44km)

1일차

7월 8일(토)

Cottonwood Camp ➡ Chicken Springs Lake, 5마일(8km)

아침10도, 낮 26도

Tip 트레킹 루트 및 일정 정하기

1) 북(요세미티) – 남(휘트니 산): 점차 고도가 높아지는 형세로써 고지대 적응에 다소 용이함.
2) 남(휘트니 산) – 북(요세미티): 초기 휘트니 산 등반으로 힘이 드나 내려가는 형세며 퍼밋(Permit, 허가) 받기가 (북에서 남쪽 방향 보다) 용이

* 전체를 4개 구역(❶요세미티–레드 메도우 92Km ❷레드 메도우–무어 랜치 87.4km ❸무어 랜치–오니온 벨리 118.72km ❹오니온 벨리–휘트니 포탈 61.92km)으로 나눈 다음 일일 걷는 거리를 구하여 매일 최적화된 거리를 걷도록 하고, 하루 한 개 정도의 고개를 넘어야 하는 바 가급적 오전에 고개를 넘도록 일정을 수립하고 오후 일찍 종료하여 충분한 휴식시간으로 내일을 준비
* 산행 초기 하루 걷는 거리 짧게 하여 적응(지치는 것 방지, 점차 배낭도 가벼워지고 걷는데 익숙해지면 거리를 늘림)
* 가급적 아침 일찍(5시 기상, 6시 식사) 7시 출발하여(햇볕 없고 약할 때 출발) 오전에 패스(Pass, 고개) 넘을 수 있게 일정 수립 필요
* 길이 갈리는 지점에서 앞서가는 주자는 뒤에 오는 동료를 기다려주는 것이 원칙. 부득이한 경우 다음 목표지점, 야영장소를 반드시 숙지시키고 필요시 메모지를 누구나 잘 보이는 곳에 부착하여 서로 방향이 나뉘는 일이 없도록 한다.

걷자! 보자! 만나자! 나를!!

　　　　　　드디어 시작이다. 출발이다! 오늘부터 3일간 걷는 이 길은 존 뮤어 트레일과 합류하는 지점(Crabtree, 대략 동경 118.22, 북위 36.33)까지 찾아가는 길로써 퍼시픽 크레스트 트레일(Pacific Crest Trail, P·C·T)구간이다. 긴 시간 준비하고 꿈으로만 그리던 그 길을 나서는 첫날이 어슴푸레 밝아 온다. 새벽 5시 기상과 함께 화장실을 갔다 오고 칫솔질을 하고선 수돗물에 세수를 한다. 비누 없이 그냥 물로만 얼굴을 문대본다. 아무리 여러 차례 씻어 보지만 씻은 느낌이 별로다. 비누는 오염원이 되는 관계로 트레킹 내내 사용금지 품목이다.

　아직 채 날이 다 밝아오지 않은 6시! 아침을 가볍게(?) 먹고 텐트와 짐을 정리하고 조금은 긴장되고 엄숙한 모습으로 트레커들 모두가 머리까지 올라오는 배낭을 멘 채 출발 준비를 완료하고 둥글게 모인다. 이때가 7시다. 간단한 설명이 따른다. 가이드의 빠른 말을 다 알아 듣진 못하였지만 분위기상 오늘 걷게 되는 트레일 관련 코스 설명임을 눈치로 알아챈다.

　이제 멈춤과 후진은 없다. 이곳까지 와서 걷지 않는다면 칼을 칼집에 넣어두고 사용하지 않는 것과 같은 것, 두 다리와 두 발로써 오로지 앞으로만 나아가야 한다. 야영장을 뒤로 남겨둔 채 한사람씩만 걸어갈 수 있게 좁게 놓인 길을 따라 자연스럽게 한 줄이 된다. 앞에 나타날 광경을 먼저 빨리 보고픈 마음이 통하였는지 가이드 바로 뒤가 내 자리가 된다.

　야영장을 막 빠져나오자 남서쪽으로 시야가 트이면서 움직이는 물체가 눈에 들어온다. 말과 마부의 모습이다. 식량을 나르는 말 다섯 필과 맨 앞에는 말 탄 마부가 저 아래쪽, 우리가 가고 있는 길과 평행되는 길을 따라 우리와 같은 방향으로 향하고 있다. 풍경이 느리다. 쭉쭉 뻗어 올라간 나무숲과 대칭이 된다. 평화로운 광경이다.

　배낭을 멘 모습이 앞에 놓이고 배낭 진 뒷사람의 긴 그림자를 밟고 간다. 걸음을 옮길 때마다 그림자가 짧아지며 나중에는 내 그림자를 내가 밟으며 그렇게 북쪽을 향한 걸음이 계속되어 간다. 이곳에선 내가 가는 것만큼만 오고 가며 세상이 움직인다.

　한발 한발 키 큰 소나무가 울창한 산으로 빠져든다. 깊어가는 계곡과 호흡이 절로 숨 가쁘다. 약간의 경사가 진 오르막길을 올라 맞는 첫 고개 마루다. 벌써 꽤 높이 올라온 모양이다. 눈이다!

　이 한 여름날에 처음으로 눈을 밟으며 걸었다. 태양을 등진 경사면으론 아직 제법 두꺼운 부피로 남아 눈[雪]에 눈[眼]이 아플 만큼 시린 눈을 밟으며 첫 고개에 올라선다.

　온통 상체에 짓 눌려오는 무게와 허리부분에 느껴오는 압박을 난생 처음 받아본다. 심상치가 않다. 배낭 짊어지는 방법이 잘못된 것일까? 배낭을 이리 저리 흔들고 주렁주렁한 줄들을 이것저것 잡아 당겨 봐도 어깨부터 허리까지 온통 아프다. 처음 사서 신던 구두와 닮았다. 배낭과 내 몸이 서로에 맞추는 시간이 필요한 모양이다.

Cotton Wood 캠프장을 막 벗어난 출발선에서 남쪽 방향에 트레일과 나란히 난 길로 말 다섯 필에 의지해 짐을 싣고 유유히 어디론가 가고 있는 마부의 모습이 평화롭다. 또한 초원과 모래사장이 서로 영역을 차지하려는 듯 분포하고 있고 주변으로 울창한 숲을 이루고 있는 풍경이 이채롭다.

첫 트레킹에 힘들게 지그재그로 오른 고갯마루는 "고진감래(苦盡甘來)"를 가리키기라도 하려는 듯 배신하지 않은 시원한 바람이 있었고 처음으로 만나는 초원은 멀어서 아득하고 황홀했다.

첫날의 걷기는 8km 정도로 비교적 짧게 걸어 무리하지 않도록 하였고, 참가자들의 상태를 점검 확인하는 정도의 트레킹이다. 야영은 치킨 스프링스 호수(Chicken Springs Lake)옆에 펼쳐진다. 텐트를 치고 저녁식사 전 빨래와 목욕을 했다. 호수를 한참 돌아간 곳 산 아래 야영장에서 조금 떨어진 바윗돌 위에 옷을 벗어두고 처음으로 호수에 들어 가 본다. 너무나 차다. 산에 쌓인 눈이 녹아 흘러내린 물이니 찰 수밖에 없겠지만 이가 시릴 정도다. 빨래는 물로만 그냥 헹구며 두 손으로 빡빡 문질러 빨고, 몸을 씻었다. 호수의 물은 하늘보다 더 짙은 색으로 푸르렀다.

2일차

7월 9일(일)

Chicken Spring Lake ➡

Rock Creek

8마일(12.8km)

- 존 뮤어 트레일 트레킹 23일의 매일 매일
  - ◇ 기상: 5시(휘트니 산 등정하는 날(7/11): 3시 기상 및 조식)
  - ◇ 조식(6시): 취사 간편식(간편하게 조리하여 먹는 종류–1개정도로)
  - ◇ 트레킹 출발시간: 7시~7시 15분(7/11–4시)
  - ◇ 날씨: 대체적으로 맑고 쾌청한 날씨 (비 3–4차례–5분 이내, 10분 이내–1회 뿐)
  - ◇ 기온: 아침 6–10도(7/18일–아침–영하 기록(얼음)), 낮 기온: 20~30도
  - ◇ 점심(11시~13시 사이): 100% 행동식, 간편식
  - ◇ 저녁(저녁 6시 전후): 전식/본식/ 후식 순–요리 간편한 간단재료 사용 (국 종류 등은 일체 없음)
  - ◇ 취침: 저녁 7시~8시 사이

사람도 마찬가지
영역을 표시한다

아침 기상은 5시. 주섬주섬 옷을 걸치고 아침 볼일을 보기 위해 텐트로부터 멀찍이 떨어진 나무 밑을 찾아 먼지 푸석한 흙을 파 구덩이를 만든다. 사람도 저마다 야영지에선 아침마다 영역을 표시하느라 바쁘다. 야생동물인 늑대, 여우와 결국은 닮았다.

이렇게 일어나 출발 시까지 치루는 각자의 일들과 식사를 마무리하고 주방으로 둥글게 모인다. 가이드의 말이 길다! 나는 감을 잡는다. 오늘은 좀 더 긴 거리를 걸어야 하는 모양이다. 어깨와 허리가 먼저 알아듣고 벌써 고통을 전해 온다.

천지개벽 전 옛날에 바다였다가 불쑥 솟아올랐는지 걷는 길 가는 길마다 푹신푹신한 모랫길의 연속이다. 나아가지 않는 걸음에 중력을 이기지 못한 무게는 온통 다리로 집결하여 아우성이다. 모랫길이 오늘 걷는 전체 길이의 삼분의 일이 넘는 것 같다. 이런 푹푹 빠지기만 하는 바닷가 모래사장 같은 길에서 짓누르기만 하는 배낭을 멘 채 거리를 줄여간다는 것이 정말 힘들다. 이곳에 오기 전 주변 사람들에게 존 뮤어 트레일 트레킹 하러 산에 간다고 하자 다들 "미친 짓이다. 왜 나이 육십이 넘어 그 나이에 개고생을 하려고 그러냐? 쉬운 패키지 여행이나 따라 다니지? 난 돈 줘도 안가겠다"는 그들의 충고(?)가 얼굴에 한여름 뜨거운 열기처럼 후끈거리며 나타나자 나도 모르게 정신이 어질어질 잠시 실종되며, '왜 진짜 비싼 돈 내고 미국까지 와 이 고생을 하고 있는 거지?' 당장 때려치우고 서울로 돌아가고 싶은 충동이 들며 십 원짜리 싼 욕이 절로 튀어 나오고 있었다.

그래도 힘들게 올라선 산모퉁이 시원한 바람에 돌아온 제 정신은 이 세상에서 가장 남는 일은 '참는 일'이라며 '한순간을 참지 못해 일어나는 많은 일들을 기억하라'며, '서둘 것 없어. 어차피 시간하고 같이 살아가는 거니까?'라고 욕 나온 입을 어른스럽게 타이른다.

내 시선을 잡아두는 풍경은 잠시도 쉬지 않았고, 가도 가도 끝나지 않는 트레일의 거리에 입을 다물지 못했다. 동네 평지 걷기에 익숙해져 있던 내 육신은 아우성을 쳤고 머리는 생각 없이 지쳐가기 시작했다. 그러나 펼쳐지는 풍경이 그 동안의 모든 고생과 어려움을 보상이라도 하려는 듯 초원(Meadow)이 내 두 눈을 황홀하게 했고 다리를 자꾸 멈추게 한다. 벌써 하나, 두울, 셋을 헤아리며 지나간 초원이 또 앞에 놓인다. 펼쳐지는 그림이 너무나 좋은 날이다. 산허리를 돌고 돌아가는 것이 음반 레코드판에 걸려있는 바늘 같은 내 모습이다. 길을 오르막으로만 걸어야 했던 날이다.

쓰러지기 직전에야 오늘의 목적지에 도착한다. 개울이 우측으로 조금 떨어진 거리에서 조용히 흐르고 야영장이 약간 높은 곳에 위치한 곳이다. 지친 몸을 멈추고 배낭을 허물 벗듯 내려놓고 기절 직전까지 간다. 꼼짝도 할 수가 없다. 중앙 통제가 잘 안 되고 있는

하늘보다 더 맑은 호수 풍경. 머무는 곳 어디에나 호수나 계곡의 물이 있고, 풍경은 고즈넉하고 아늑하다.

팔, 다리가 자기 멋대로 논다.

   흐느적거리는 몸을 잠시 추스른 다음 서서히 움직인다.

   늘 도착지에선 난 죽어 나자빠지고 계곡의 물살만이 기세가 등등해 진다.

3일차

7월 10일(월)

Rock Creek ➡ Crabtree Meadow

10마일(16km)

서서히 자연으로 들어가다

　　　　　　　　　　　이곳은 어디를 가던 여기저기 살아서 솔잎 매달고 팔 벌려 서 있거나 선 채로 장렬한 최후를 치룬 고목들과 혹은 그냥 쓰러져 흙으로 돌아가고 있는 상태의 고목들의 세상이며 온통 나무들의 세상이다.
　그대로 치우지 않고 놔두는 것이 자연보호의 전부인 양 끝없이 펼쳐진, 같은 모습인 듯 다른 곳이다. 자연보호라는 것이 넘어지면 넘어진대로 스스로 썩고 흩어져서 언젠가는 자연스럽게 흙으로 돌아가게 하고 있는 것이다.
　새벽부터 이어져 굽이굽이 돌아 온 오전 길의 마지막 십여 미터는 물속에 있다. 개울이다. 제법 깊이가 느껴진다. 신고 있던 등산화에서 물속을 걷기 위한 신발로 교체한다. 주변이 신발 교체로 부산하다. 맞은편에서도 서너 명이 신발을 바꿔 신느라 바쁘다. 먼저 건너오도록 양보하며 기다린다. 내 차례가 되어 건넌다. 물살은 다행히도 느려 스틱으로 바닥 찍을 일은 없었지만 처음으로 맞이한 개울물은 겨울의 냉기로 여행객을 다스리고 있다. 무릎 위로 접어 올린 바지가 젖어 온다. 건너자마자 우측 길로 50m 올라간 곳에 호수가 비스듬히 내려 보이는 곳, 마당바위처럼 생긴 넓은 바위가 우리의 점심식사 자리가 된다. 물이 줄줄 흐르는 신발을 등산화

처음 만난 개울물. 징검다리를 이용해서 건넌다. 이정도 물길이야 걱정할 일이 없지만 신발을 갈아 신고 바지를 걷어 올리고 건너야 할 곳이 천지다.

로 바꿔 신고 점심을 먹는다. 사각형으로 작게 토막 난 치즈를 아무 맛없는 푸석한 비스킷(biscuit) 사이에 넣어 함께 씹는다.

별맛을 느끼지 못한다. 한 사람 당 5개 정도 양이다. 양은 적어도 열량은 많아 보인다. 이게 점심식사의 전부다. 나이와 같이 늘어나 허전하기 만한 뱃속을 물통의 물로 벌컥벌컥 채워 본다.

호수 주변으론 각종 새들과 다람쥐, 작은 마멋(Marmot)들이 이곳의 주인으로 한가하게 노닐고 우리 사람들은 방문객의 모습이 된다. 가루로 자꾸 떨어져 내리는 비스킷으로 때우는 점심 중에 처음으로 레인저 두 명을 만났다. 그들은 퍼밋(일정 기간 유효한 트레킹 허가증)을 요구했고 트레킹 주의사항을 한 번 더 주지시킨다. 이들은 산 속에서만 매일 살아서인지 풍기는 외양은 산사람과 걸인

선 채로 장열하게 죽음을 맞아 자연으로 돌아 가고 있는 나무와 지천인 돌무더기들.

의 모습이다. 두 사람이 똑같다. 산을 좋아하지 않으면 도저히 할 수 없는 일일 것이다. 사진을 같이 찍자고 하자 쿨하게 흔쾌히 응해 준다. 기념으로 남겨 둔다.

오후 두 시간은 퍼시픽 크레스트 트레일(Pacific Crest Trail, PCT)구간의 산 속을 계속 헤매고 나서 삼거리 갈림 길에서 존 뮤어 트레일 구간으로 접어드는 우측 길 동쪽 휘트니 산을 오르는 방향으로 튼다. 여기서 휘트니 산을 다녀온 후에 다시 이곳까지 와 북쪽으로 방향을 잡아 다시 올라야 존 뮤어 트레일이 끊어지지 않고 완주 코스가 되는 것이다. 여기서부터 휘트니 산까지는 왕복하는 것으로 8.3마일(약 13km)를 한 번 더 걷는 셈이 된다.

삼거리에서 0.8마일을 걷고 나서 우측 아래쪽 물소리로 요란한 계곡 옆 레인지 스테이션(Ranger Station)이 있는 야영장 (crabtree)으로 향한다. 계곡물이 엄청난 기세로 또 막아선다. 방법이 없다. 신발을 교체하여 신고 등산화는 배낭에 매달고 바지는 둥둥 걸어 올리고 건넌다.

다소 일찍 도착한 이곳의 오후는 왠지 긴장감이 감도는 게 느껴진다. 내일은 드디어 미국 본토에서 최고 높이인 휘트니 산(14,495피트=4,418m)정상을 가는 날이기 때문이리라.

가이드도 긴장을 한 것인가? 휴대용 운동 기구 하나를 소나무 가지에 걸어 놓고 틈틈이 매달리며 버티며 안간힘을 다한다. 손가락 첫마디만으로 매달려 온몸을 끌어올리는 것이 평상시 단련을 많이 한 것이 느껴진다. 나도 매달려 본다. 양손을 사용하여 매달려 턱걸이를 한참 했다.

닫힌 문을 열고 트레일을 계속해야 한다. 우리나라 옛 제주도 대문인 정낭(주인이 집을 비워둘 때 집 대문에 걸쳐둔 것)과 흡사 닮은꼴이다.

야영장(Crabtree)과 휘트니 산 방향으로 갈라지는 갈림길에서 야영장 방향을 가리키는 팻말. 뒤로 보이는 붉은색 박스에는 용변 처리용 봉투가 들어가 있고 "필요한 사람 1인 1개씩 가지고 가라"고 뚜껑에 적혀 있다.

가이드는 이런 나를 스트롱맨이라고 추켜세운다. 손가락 첫마디만 사용하여서는 도저히 매달릴 수가 없었다.

TIP 존 뮤어 트레일을 빛내는 숨은 일꾼

트레일 크루(Trail crew): 존 뮤어 트레일을 걷다 보면 종주자들보다 더 낡은 옷을 입고, 더 많은 땀을 흘리며 트레일을 살피는 사람을 종종 만날 수 있다. 벼랑 위로 아슬아슬하게 나 있는 트레일을 정비하고, 쓰러진 나무를 치우며, 트레일이 훼손되지 않도록 물길을 만드는 이들은 바로 트레일 크루(Trail Crew, 트레일 정비공)들이다. 이들은 트레일 종주 자들처럼 숲 속에서 야영하며 훼손된 트레일을 정비하는 일을 한다. 이들이 있기 때문에 존 뮤어 트레일이 더욱 빛날 수 있는 것이다.

4일차

7월 11일(화)

Crabtree Meadow ➡ Whitney Summit
➡ Crabtree Meadow

17.2마일(27.5km)

이 길은 또 어디로
이어져 가는 것일까

　　　　　　새벽 3시. 벌써 주방 쪽은 부산하다. 가벼운 조식을 하고 4시 정각에 머리에 헤드라이트를 밝히고 전의(戰意)를 다지 듯 엄숙한 가운데 어둠 속 출발이다. 텐트도 어제 친 상태 그냥 그대로 두고 최소한의 필수품과 물만을 챙겨 한결 가벼워진 배낭을 메고서다. 야영장을 벗어나면 바로 개울을 건너야 하기에 출발부터 등산화가 아닌 물 속을 걷는 예비용 신발을 신고서 출발한다.
　이리 꺾고 저리 꺾고 길은 하늘에라도 닿아야 그 끝을 보여주기라도 하려는 듯 좀처럼 정상을 내어 주지 않는다. 곧장 오를 수 없게 돌아가게 만든 스위치 백(Switch Back)은 평생을 조급하게만 살아온 나에게 천천히 살아가라고 알리기라도 하려는 듯 풀린 실타래처럼 끝 간 데가 없다. 매 시간마다 갖는 10분간 휴식도 완전 기진맥진 상태에서는 좀처럼 충전이 되질 않는다. 오르던 길에서 휘트니 마운틴과 휘트니 포탈로 갈라져가는 삼거리에서 휘트니 산 정상까지는 그야말로 돌의 천지다. 그러나 흙 한줌 보이지 않는 이곳 바위틈에도 꽃을 피워 올리는 땅이 숨어 있을 줄이야. 완전 까무러치기 직전에 너덜바위 지대인 정상에 오를 수 있었다.

삼거리에서 휘트니로 올라가며 북쪽으로 보이는 산과 한 여름임에도 녹지 않고 그대로 쌓인 눈.

그 꿈에도 그리던 미국 본토 최고봉 휘트니 산! 하늘이 가장 가까운 곳이다. 먼 산들이 사방에서 모두 엎드려 있다. 산의 정상 부분 평평한 바위 위에 휘트니 산이라는 표지판만 만들어 부착해 놓고 비상시 대피용으로 이용하는 창고 형태의 대피소 건물 하나가 전부인 곳이다. 이 많은 돌들은 어디서 온 것이지 온 산이 바위와 돌로 쌓아 만들어 올리기라도 한 듯이 정상 부근은 온통 바위와 돌의 천국이다.

아무나 떠난다고, 오른다고 다 오를 수 없는 곳에 드디어 올라 두 팔 벌리고 서 있는 지금은 평생의 꿈을 이룬 사내처럼 소리 없는 포효로도 충분하다.

많은 사람들이 자기 앞에 놓인 길이 어디로 이어져 가는지, 또

휘트니 정상에는 정상임을 나타내는 조형물이 없다. 정상임을 표시하는 표지판을 바위에 부착해 놓고 있는 것이 전부다.

그 끝에는 어떤 것들이 기다리고 있을지 두려워하기도 하고 걱정도 하며 살아간다. 하지만 우리의 삶은 두려움과 걱정과 후회만으로 행동치 않고 보내기에는 너무도 짧고 잠시도 머뭇거릴 순간도 없이 아름답지 않은가? 새로운 내일로 나아가는 한 걸음, 그 발걸음을 내 딛어야 할 때는 바로 지금이지 않겠는가? 정상에서 생각해 본다.

휘트니 포탈 쪽에서 오른 사람들과 뒤섞여 정상엔 십여 명의 사람이 각각의 포즈로 각자의 세상에 알리고 있었다. 휘트니 산 정상 대피소 앞에 비치된 방명록에 날짜, 이름, 국가, 도시 남기고 싶은 짧은 말 한마디를 칸에 맞추어 적고 사진 찍어 기록으로 남긴다. 최근에 다녀간 한국인은 없는 지 찾아본다. 방명록을 한참을 뒤져

휘트니 정상 부분. 너럭바위 지대로 온통 바위와 돌의 세상이다.

봐도 한국인 성명으로 방명록을 작성한 사람은 찾을 수가 없다. 왠지 아쉬운 마음이 허공으로 향한다.

땅은 길을 내리고 계곡으로 갈라져 왔지만 이곳 휘트니 산에서 바라보는 하늘에는 경계가 없이 이어져 간다. 사람의 욕심에도 한계가 없듯이. 미국 본토 최고봉에서 맞이한 점심은 축하의 샴페인 한 잔 없이 메마른 비스킷, 딸기잼, 치즈가 전부다.

혼미해진 정신을 추스르게 하는 산의 정기를 받아 주변을 둘러본다. 휘트니를 둘러싸고 있는 먼 주변 산들이 각자 휘트니 산을 호위하듯 버티고 서 있어 그 웅장함을 더욱 가중시키고 있었다. 저 산 아래 평지 바닥이 아득하다. 바닥에서부터 골을 이루어 병풍처럼 휘트니를 호위하는 듯 서 있는 산! 산!

세상 돌들을 수석 수집가가 다 갖다 모아 놓은 것처럼 돌들이 서거나 혹은 앉아서 있다. 온통 휘트니를 둘러싼 면(面)은 흰 겨울 위 미국 본토 최고봉 휘트니 정상! 7.11일. 방명록에 이름을 올리다.

휘트니 정상 대피소 앞에서. 뒤쪽으로 방명록이 준비되어 있어 정상을 오른 사람들이 등정을 축하하며 작성하고 있다.

Crabtree Meadow 야영장의 햇빛 잘 드는 곳에 설치된 태양전지판. Ranger Station에 필요한 전기를 공급한다.

  장복으로 갈아입고 진격을 앞둔 훈련 잘된 스키 부대 군인의 모습으로, 우리가 지금 이 순간 서 있는 휘트니 산꼭대기 우리를 향해서, 일부는 반대로 엎어져서 온통 호위하듯 엄호하고 있는 자세이다.

  베이스 캠프가 차려진 Crabtree로 돌아오는 길은 이미 걸어온 길이기에 오히려 더 힘들었다. 물도 체력도 모두 떨어져 갔다.

  이곳 Crabtree 야영장은 비교적 평지로써 면적도 넓고 이용자가 많아서인지 레인져 사무실도 있음은 물론이려니와 레인져 사무실에 필요한 태양 에너지 공급 장치인 솔라(Solar)도 있고, 야영장에서 오가는데 족히 10분은 소요되는 거리이긴 하지만 야영지에 간이 화장실이 설치되어 있는 유일한 곳이어서 트레커들에게 특히 여성 트레커에 인기 있는 곳이기도 하다. 좌변기 하나 있고 변기 뒤쪽 야영장 방향으로 병풍 두어 쪽짜리 정도 크기의 나무 판자로 조금 막은 형태이긴 하지만 우선 주변 눈치 보며 일을 보기 위해 두녀시처럼 땅을 파지 않아도 되니 말이다.

식수 보급 중! 야영지에 도착하거나 계곡물이 있는 곳에서 수시로 물을 보충하기 위해 설치하는 휴대용 정수기. 계곡물이나 호숫물을 비닐팩 가득 담아와 주변 소나무 가지에 걸어 놓고 정수기 휠터를 통과하게 하여 물을 받는다. 물이 잘 안 나오든지 하면 휠터를 호스에서 빼서 거꾸로 하여 물을 잠시 흘러 보낸 뒤 다시 호수를 연결하면 정수된 물이 잘 나온다. 아침 출발시 무조건 1인당 1L짜리 물통 2개에 물을 가득 담아 출발한다.

5일차

7월 12일(수)

Crabtree Meadow ➡ Tyndall Frog Ponds

8.3마일(13.3km)

이 산 속에 웬 사막이 있나?

　　　　　　　　　　계곡은 언제 어디서부터 화가 났는지 모르나 왜 저렇게 사납게 울부짖고 있는 것인지?
　밤새 잠자지 않고 깨어 있다며 소리로 먼저 알려오고, 빠르게 흐르지 못하면 무슨 큰일이라도 나는 것처럼 쉼 없이 내달리는 계곡의 물들을 보았는가?
　산 속의 모든 사물들은 저들만의 언어와 행위로 열심히 근무하였고, 걷는 자의 발걸음과 스틱(Stick) 찍는 소리만이 깊은 산 속에 정적을 가르고 있었다. 저 겹겹이 세월처럼 쌓인 산과 오래 눌러 앉아 한 몸처럼 되어 버린 많은 눈은 여러 해를 녹아내리지 못하고 쌓여 갔으리라.
　출발하여 조금 오르자 주변이 모래 언덕으로 평원을 이루고 있는 사막 "Sandy Meadow" 3.4마일(5.4km)구간을 지난다. 주변 시야가 탁 터지며, 함께한 숲 길의 산들이 어느새 저 멀리로 비켜가서 우릴 지켜보고 있고 모래 언덕 호숫가로 초원이 둘러 앉아 두런두런 거리고 있다.
　7시간을 걷고 나자 걷기가 끝나고 저녁이 된다. 이곳 산 속에 와 처음으로 5일만에 맛보는 우리나라 상표의 음식 라면이다. 다른 영국 친구들의 입맛에는 그리 맞지 않는 듯, 한 번씩만 숟가락이

Crabtree 야영장에서 한 시간 정도를 존뮤어 트레일을 따라 걸어 올라가자 나타난 모래 초원(Sandy Meadow). 광활한 평지로 모래 사막과 초원이 섞여 있다. 사진 오른쪽으로 가늘게 난 존뮤어 트레일이 보인다.

가고 우리가 좋아하는 것을 눈치 챈 것인지 더는 먹질 않는다. 난 평상시 쳐다보지도 않던 것이지만 그나마 입맛에 맞는 라면을 영국 친구들 덕분에 좀 더 먹을 수 있었던 것도 산 속에서의 작은 행복이리라.

   이곳의 식사는 점심의 경우는 주로 비스킷 몇 조각에 치즈, 딸기잼으로 떼우는 스타일. 저녁의 경우는 본 식사 전에 가볍게 먹는 것이 나오고, 이어서 본 식사, 초콜릿 등이 후식이 나오는 순으로, 라면은 우리나라에서도 그러하듯 간식의 일종인 것이다.

   우리가 가지고 다니는 곰통 6개에서 그날의 식단에 따라 재료를 꺼내 식사를 마련하는데, 1회용 일색이며 냄비 2개가 요리 도구의 전부가 되는 이곳의 부엌 풍경이다. 식사 후 물 한 냄비 끓여 컵으로 조금씩 담아 손가락 하나나 두개로 식기를 빙빙 돌려 씻고 개울물 떠다 놓은 것으로 행구면 설거지의 끝이 된다.

내일은 먼 길을 걸어야 하는 날이자 가지고 온 식료품이 다 소진되어 가고 있어 그 다음날 보급품을 받으러 가야 하는 날이 이어지는 날이다. 이럴 땐 잠을 많이 자두는 게 상책이다. 첫날 장비 점검시 면도기와 비누, 스킨을 회수당하는 바람에 자연인의 모습이 슬슬 얼굴부터 나타나고 있는 나를 본다. 외길 산 속만 내내 걷는 이곳에선 자연과 어울리는 모습일 것이려니 하며 스스로 위안을 해 본다.

힘겹게 도착한 야영장(Tyndall)은 상당히 평화로운 분위기다. 큰 호수를 동쪽과 북쪽으로 산이 막고 서 있어 호수는 참으로 아

식(食) 관련 장비 및 도구들. 곰의 야생성을 훼손하지 않도록 식량은 곰통에 넣어 보관해야 하는 바 존뮤어 트레일을 트레킹하는 모든 사람은 필히 지참하여야 하며 두꺼운 플라스틱 용기로 만들어 졌으며 그 자체 무게만도 3Kg에 육박한다.

늑했다. 나무가 있는 곳은 새소리도 함께 따라왔고 잔잔한 물결이 주름잡는 호수엔 산과 아직 물이 되지 못한 눈이 같이 흔들거리고 있다.

여긴 물소리도 별로 들리지 않고 숲 속의 빈터처럼 조용하며 그윽하다. 오래 전부터 길게 누워 있어 자기 자리가 확실히 잡힌 통나무에 기대어 차려진 주방으로 곰통 6개가 모인다. 야영지에서 주방이 차려지는 곳은 그날의 "만남의 광장"이 된다.

색색의 텐트가 숲과 어울려 자리한다. 소나무 가지에는 빨래가 걸리면 그제야 바람이 분다. 그 사이 하늘에는 한 점 구름이 몰려와 천둥소리로 미리 알리고 비 몇 방울을 뿌린다. 가이드는 비상사태에는 이렇게 대처해야 한다고 시범이라도 보이듯 터프(비 막이 텐트)를 치고 혼자 엄청 부산하다. 검은 구름 한 점이 경계 없는 하늘을 빠르게 지나간다. 그것으로 비는 끝이다.

늦은 오후시간이 한가롭다. 이 땅의 주인에게 새로이 전입 신고를 하기라도 하듯 호수 주변으로 다녀본다. 이미 호수에는 먼저 온 먼 산은 먼곳으로 다가와 있고 가까운 산은 가까이 와 있고. 산 옆으로 비스듬히 하품하듯 대충 걸쳐 있는 눈[雪]들도 그만큼만 그림자를 담구고 있었다.

자세히 보아야 아름답다고 했던가? 자세히 살펴보니 이 높은 산속 호숫가 옆 풀숲에는 새집이 하나있고 알이 세 개다. 이방인이 너무 오래 염탐을 한 것인지 어디선가 주인이 나타나 풀과 나무 위로 옮겨 앉으며 빨리 나가라고 시위한다. 종다리처럼 생긴 작은 새다. 평화로운 호수의 물이 드디어 개울이 되어 소리내기 시작하며 흐르는 바로 그 옆이다.

도착한 야영지(Tyndall Frog Ponds) 옆 호수에 비친 산의 모습.

 꽃들은 저마다 이방인에게 저만 봐달라는 듯 바위 틈으로 수줍게 빠끔히 얼굴을 내밀어 자랑하고 있는 호수 옆 평원의 모습이다.
 한 번 가면 돌아오지 않는 것이 인생이라지만, 잎 버린 채 빈 가지로 선 나무들이 이를 일깨워 주고자 오랫동안 저 자리에서 외롭게 지켜서 있는 모습이 이 산 속의 풍경이다.

6일차

7월 13일(목)

Tyndall Frog Ponds ➡ Forest Pass

➡ Vidette Meadows

14.7마일(23.5km)

무게와의 전쟁!
곰통이 얼마나 무겁기에

평화로운 호수를 바라보며 빵 한 조각에 쨈, 크림 치즈로 아침을 마친 후 아침 7시 출발한다.

매일 아침마다 식사가 끝나면 그날 각자의 등짐에 넣고 가야할 곰통이 정해지는데, 식사시 각자가 앉았던 곰통이 자연스럽게 배당이 되어 종일 지고 걷게 되는 바 말은 하지 않지만 다들 식사 전 눈으로 무게를 재고 그 곰통에 앉곤 하는 모습이 엿보이는 무게와의 전쟁을 치루고 있는 이곳의 아침 풍경이다. 다 똑 같은 사람임을 확인하는 순간이기도 하다. 길은 도랑물이 흐르면 도랑이 되었고, 또 우리가 걸으면 길이 되었다.

죽기 살기로 오른 Forester Pass(13,200피트=4,023m) 고개 정상 바위에 기대어 피자판 같이 생긴 동그란 갈색 판(밀가루 등으로 만든 듯)에 치즈, 쨈, 말린 과일을 말아서 먹는 것으로 점심을 하고 나서 갈 길을 바라본다. 길의 전부가 경사면으로 눈길의 연속이다.

그리고 멕시코 국경에서 캐나다 국경까지 이어진 PCT(Pacific Crest Trail) 4,300km를 6개월에 걸쳐 트레킹하는 트레커들이 지금 우리가 지나고 있는 시에라네바다 구간에서 끝까지 갈 수 있는지 시험을 거친다. 중도 포기자들이 이 구간에서 길을 가장 많이

존뮤어 트레일 중 최고 높이의 고개인 Forester Pass를 향해 가면서. 고도가 높아지자 지난 겨울에 내린 눈이 대부분 그대로 남아 있는 모습이다. 그야말로 눈 천지다!

포기한다 하지 않는가? PCT트레일 루트 중 가장 높은 곳이 오늘 우리가 지금 서 있는 Forester Pass이다. 그만큼 존 뮤어 트레일에서도 힘든 구간임에는 틀림없다.

오늘은 종일 눈밭 위만 걸었던 것 같다. 물길이 길이 되어 좇아 왔고 길이 물길이 되었다. 길은 물에게 양보하고, 물은 곧 길이 되어 주었다. 눈 때문에 다시 길을 만들고 불어난 물로 다른 길을 또 찾아야만 했다. 너무나 긴 눈길. 바닥에 누운 눈들은 눈을 찌르는 햇빛을 비스듬히 받아 은빛 선율로 반짝이고, 걷는 자마다 길을 만들고 있는 눈 위의 존 뮤어 트레일이다.

늘 트레일은 어디서나 물을 불렀고, 물은 그대로 트레일이 되어 길을 자연스럽게 안내하고 있었다.

Forester Pass 고개. 13,200피트(4,023m)정상에 서 있는 푯말. 뒷쪽으로 보이는 곳에서 올라왔다.

드디어 내일은 길 떠난 지 처음으로 음식 자재를 보급 받는 첫날이란다. 소망해 본다. 우리 음식이 매우 먹고 싶다고.

나는 가이드 바로 뒤에서 대부분의 트레킹을 하고 있고, 동행한

Forester Pass 정상에서 갈 곳인 북향으로 덮인 눈 벽면. 오후 내내 경사진 눈길만 걸었다. 눈길을 걷는 것은 엄청난 체력이 요구되며, 많은 위험 부담이 따르는 일이다.

신경호 후배는 맨 뒤에 선 가이드 바로 앞에서 나와 함께 영국 남녀를 겹으로 호위하듯 걷고 있다. 앞뒤로 서서 그간 살아오면서 못한 얘기도 나누고 싶었으나 트레일 내내 형편이 안 되고 말았다.

눈이 녹아 물이 풍부해지면 산 아래 평원을 풍성하게 살찌워 이에 기대어 여러 동물들이 더불어 살아가는 평화로운 광경의 그림이 그려진다. 시간이 멈춘 듯한 이곳 눈길도 길이 트이는 계절이 다가오면 이런 희망으로 들뜨기 시작 했을 터였다. 여름임에도 겨울을 머금고 있지만 여기도 우리가 떠나고 나면 계절은 또 가을, 겨울로 오고 갈 것이려니. 아마 이곳에 겨울이 오면 살아 있는 것에 대한 자비란 없으리라. 낮 기온 30도에도 눈 덮인 겨울이 함께 있는 이곳의 사계(四季)는 어떻게 오가는지 난 잘 모른다.

트레일을 걷는 것은 늘 고독하다. 외줄기 길에 무거운 배낭을 메고 걷다 보면 어느 샌가 속세의 근심 걱정은 사치가 된다. 그야말로 무념무상의 경지에 다다른다.

다소 늦은 4시 30분에 야영장에 도착하니 비교적 큰 계곡물이 야영장보다 조금 아래에서 흐르는 곳에 위치한다. 야영장 도착 직전에 통나무 하나로 된 다리를 건너서 오는데 일행 중 영국 여성 트레커가 거센 물결에 놀라 건너지 못해 애를 먹고 힘들게 건넌 곳이다. 텐트가 쳐지고 익숙한 순서로 하루가 마감되고 있을 때 넓적한 바위 위에 앉아 햇볕을 등 뒤로 받으면서 정갈한 마음을 가지기 위해 손, 발톱을 정리한다. 절대 고독의 야생에서 느껴지는 벅찬 해방감이 등을 채워 오른다.

7일차

7월 14일(금)

Vidette Meadows ➡ Glen Pass

➡ Rae Lakes

9마일(14.4km)

산에서는 내가 걷는 것이 아니라
나무가 걷고 있는 것을

　　　　　　　　　언제나처럼 날씨는 깨끗했고 공기는 차가웠다. 아침에도 모기는 "근무 중 이상무"를 외치고 있다.

　1시간에 약 6,500보 수준으로 걸어와 시간마다 맞는 휴식시간을 갖고 있다. 트레일 우측 산쪽에서 좌측 계곡 방향으로 지난 겨울 눈사태가 난 흔적으로 눈은 오간데 없고, 쓰러지고 찢겨지고 꺾인 나무들이 지난 아픈 겨울을 되새김하듯 누렇게 마른 잎으로 남아 있는 현장을 지난다.

　새로운 길은 어쩔 수 없이 나곤 했었다. 계곡은 어제와 다르지 않게 소리로 알려 왔고 가득 찬 물결로 넘쳐났다. 아몬드 몇 알이 유일한 간식의 전부인 휴식시간.

　휴식 후 걷는 오르막길인 두 번째 시간에는 약 4,000보 밖에 걸을 수 없었다. 물소리는 멀어지고 길바닥은 울퉁불퉁, 내 걸음은 무거웠다.

　산 중턱인 지금. 이 산, 이 Glen Pass를 넘어야만 한다. 우리 인생과 등산은 희로애락이 함께 있고 직진으로 가야할 길도 있고 눈앞에 정상이 바로 보이더라도 돌아서 가야할 길도 있으며, 오르막이 있으면 반드시 내리막이 준비되어 있는 등 많은 곳에서 닮아 있

북으로 가는길을 점차 낮추어가자 나무도 다시 나타나고 숲도 다시 곁으로 다가오고 있다. 고개 넘는 일은 다리가 아파 힘들고, 저 계곡 아래로 가면 넘쳐나는 계곡물을 건너기 힘들고, 올라가나 내려가나 힘들긴 마찬가지인 것을… 인생을 여기서 깨달으며 가고 있다.

는 것을 한 번 더 느껴본다. 며칠째 계속 숲 속을 걷고 있다보니 이젠 내가 가는 것이 아니라 나무가 걷고 있는 모습이 된다.

 오전 10시 30분 전날 무선으로 약속된 정해진 지역에 도착하자 식량 위주의 보급품을 지고 와(여성 한 명과 동행한 남자 트레커 2명이 함께 지고 옴. 3명이 3시간 걸려 지고 왔다함) 텅 비어 가기만 하던 곰통이 채워진다. 여기에 트레커 각자가 내어 놓은 불필요한 품목과 그간 사용한 휴지 등 쓰레기는 여성 혼자 지고 내려간단다. 점심(빵 두 조각. 토마토. 치즈, 배추 싹. 파인애플같이 생긴 파란색 조각)과 후식으로 사과 1개씩이 배분되어 먹고 있다. 본인이 맡겨 두었던 팩소주 2개가 스낵 품목 몇 개와 같이 함께 올라 왔다. 이 산 속 저녁을 한 잔의 술로 풍류를 즐길 생각을 하니 나도 모르게 얼굴에

대낮에 트레일에 나타나 우릴 긴장시킨 중간 크기의 짙은 갈색의 곰. 점심식사를 하다말고 시끄럽게 고함치며 냄비를 두들겨대자 오던 길을 버리고 오른쪽 계곡 방향으로 사라져 갔다.

화색이 번진다.

화색도 잠시의 일이다.

이른 점심식사를 하는 오전 11시 20분 경 짙은 갈색의 중간 정도 크기의 곰이 자기가 숲 속의 주인임을 알리기라도 하듯 당당하게 우리가 가야할 트레일의 맞은편 길을 따라 어슬렁거리며 나타난다. 우리는 점심 먹던 것을 다 팽개치고 곰보다 높은 위치에서 한 줄로 길게 곰을 마주보고 다 같이 큰대(大)자 형태로 서서 팔, 다리를 벌려서며, "야! 가!. 곰 너 가!"라고 외쳐댄다. 옆에 선 미국인 가이드와 영국인들은 알아듣지 못하는 영어로 고래고래 소리를 지르고 곰통을 두들겨대고 난리법석을 떨었다. 곰은 시끄러운 소리에 겁을 먹은 것일까? 우리가 갈 길의 마주선 길에서 트레일

레이 레이크. 야영지를 향해서 호수 사이를 건너고 있는 풍경. 물의 깊이가 하반신이 다 젖을 정도로 깊다. 그래도 다행인 것은 물이 워낙 깨끗하여 바닥이 보이는 바람에 덜 무섭게 건너갈 수 있었다.

을 버리고 좌측 산 아래 방향 숲속으로 유유히 사라져 간다. 사람이라도 많고 대낮이길 망정이지 한밤중에 혼자 맞닥뜨렸다면 어떻게 했을까? 아마 혼비백산하지 않았을까? 생각만으로도 끔찍하다. 생사가 달릴 수도 있는 문제였으니.

옅은 솔향기가 코를 자극했고 오늘도 고개 넘는 것은 배고프면 먹어야 하듯 필수가 된다. GLen Pass(11,926피트)를 넘어 간다. 매일 1~2개를 넘어야 하는 Pass(고개)가 내 끈기를 시험했다.

글랜패스 위에서 내려다보이는 Rae Lakes를 한참을 보았다. 온통 눈으로 둘러 쌓여있는 산. 끝나지 않는 눈길이다.

오후 내내 산의 한쪽 벽면에 계절을 잊고 눌러 붙은 눈을 밟고 내려오는 길이다. 뒤쳐진 사람을 기다리며 잠시 눈 길 위에 머무는 시간 눈을 뭉쳐 앞 가이드 목덜미에 넣는다. "Gold!"를 외치며 한

한마디로 그림같은 풍경의 연속이다. 계곡으론 숲이 연결되어 있고 또 거기엔 계곡물이 함께 따라 다닌다. 같은 그림 같지만 다른 그림이 연일 펼쳐 지는 곳! 이곳이 존뮤어 트레일이다.

동안 재미있게 놀고 있자 뒤에 따르던 가이드가 같은 편 응원이라도 하는 듯 눈을 뭉쳐 던지며 반격을 한다. 한참을 앞 뒤로 서서 눈싸움을 하며 동심의 세계로 돌아간 시간이었다.

눈길을 다 내려왔나 싶을 때 호수가 가로 막고. 다시 신발교체 시간. 허벅지까지 물이 찬다. 호수 위엔 눈덩어리가 아직도 물이 되지 못하고 호수 위에 눈으로 둥둥 떠다니고 일부는 꼼짝 없이 겨울의 모습 그대로 시간이 머물러 있다. 호수의 물이 얼마만큼 차가운지, 아니 여름이 더디 오는지 알리려고 지나가는 객(客)을 기다리고 있었던 것만 같다. 바지를 둥둥 걷고 건너서자마자 도착(오후 4시 30분 경)한 오늘의 야영장(Rae Lakes)은 호수로 둘러 싸여 있고 시원하게 목욕도 하고 옷도 빨아 젖은 채로 입어서 말린다.

호수는 언제나 해가 뜨면 반사경이 되어 준다. 달력 속 사진으로만 봄직한 풍경을 두 눈으로 다 담아올 수 없어 카메라에 의지할 수밖에 없게 만드는 풍경이다. 사진을 가로로 반으로 잘라보면, 위는 원래의 모습이고, 아래부분이 호수에 반사된 풍경이 된다.

8일차

7월 15일(토)

Rae Lakes ⇒ Twin Lake

11마일(17.6km)

아름다움을
어떤 표현으로도 담아낼 수가 없다

오늘도 걷기를 시작하자 곧장 호수를 건너느라 슈즈 체인지 시간이다. 자연을 더 많이 알고 가라고 나에게 신발을 바꿔 신는 기회를 준 것이려니 생각해 본다.

허벅지까지 오는 찬 물살을 이른 아침시간 헤치고 나아간다.

존 뮤어는 어김없이 길의 방향을 알리거나 캠프 금지, 모닥불 금지 등의 표지판들 몇 개 외에는 인공적인 설치물이 전혀 없다. 가이드는 이 좁디좁은 존 뮤어의 길을 사수했고 우리는 궤도로만 오가는 열차처럼 따를 수밖에 없다.

이제는 물소리에 겁이 났고 겁먹은 우리를 시험하고자 물은 자꾸 부르는 것만 같다.

쓰러진 고목은 제멋대로 걸쳐 있거나 누워서 자연으로 불려가고 있고 더러는 트레일 크루(Trail Crew. 트레일을 보수하는 사람. 트레일 정비공)에 의해 잘려서 토막난 채로 자기 자리에서 아주 천천히 돌아가고 있다.

오늘도 계곡의 물을 헤아릴 수 없이 건너뛰고 여러 차례 신발을 바꿔 신어 가면서 걷다보니 한참을 고도를 낮추었는지 침엽수만 하늘로 뻗어 올린 그간의 모습에서 사뭇 다른 풍경이 펼쳐진다. 은

고도를 낮추어가자 침엽수인 소나무외에 활엽수 종류의 다른 나무도 보이기 시작한다.

행나무처럼 잎이 넓어진 키 작은 나무들이 다 함께 경쟁을 멈추고 한 여름 낮의 햇볕을 받으며 또는 반사하며 계곡을 지키고 있었다. 왠지 숨쉬기가 한결 편한 듯이 느껴진다.

    고도를 더 낮추어가자 저 위 높은 곳에서는 못 보던 나무나 풀들이 키 작은 모습으로 훨씬 많이 보이고 숲이 깊어지자 새 소리도

Suspension Bridge. 이 다리를 건너자마자 오른쪽으로 꺾어 계속 오르막길의 연속이다.

합창이 되어 온다. 들어보지 못한 풀벌레 소리도 들리기 시작한다.
 아니 드디어 만난 계곡의 물들이 엄청난 양(量)과 소리로써 모든 것을 파묻기라도 하듯 온통 아우성 그 자체이다. 급물살을 이룬 흰 물결의 폭과 깊이가 장관이다. 황홀한 풍경이다. 계곡의 물은 사람과 달리 낮아진다고 없어지는 것이 아님을 알고 있다는 듯이

오르막길에서 만난 폭포. 쏟아붓 듯이 흘러 내리는 계곡 물길. 물 소리가 천지를 진동한다.

오늘도 힘차게 여름을 저마다 아래로 실어 나르느라 숨이 차다.

　이곳에 아마 현수교(Suspension Bridge)를 설치하지 않았다면 존 뮤어 트레일도 이어져 가지 못하였으리라.

　다리가 보이는 숲 속! 하늘로 쭉 키를 뽑아 올린 큰 소나무 밑에 기대어 대형 철재 캐비닛 곰통 하나가 설치되어 있고 곰통을 식탁 삼아 행동식으로 마련한 점심을 해결한다. 점심이라 해봤자 조그마한 비스킷 두 개 사이에다 동일한 크기의 치즈와 미트(다진 고기)를 다함께 탑처럼 쌓아 우거적 거리며 씹어 먹는 것. 1인당 4~5개 정도의 적은 분량이나 고열량 식품이라 배는 허전하나 배가 고픈 느낌은 들지 않는다. 이렇게 잠시 점심을 해결하고 나서 현수교 (기둥은 나무 사용, 옆줄은 철사 줄 여러 겹 엮은 것으로 되어 있고, 한

고도가 낮아 트레일 옆으로 풀들도 보이고 숲길이 평화롭다. 좁은 이 길은 북으로 계속 이어진다.

사람씩 건너도록 되어 있으며 흔들림이 심한 편)에 올라 사진도 찍고 한사람씩 건너간다. 건너자마자 우측으로 방향을 틀어 한참을 오른다. 또 물길이 나타나 버티며 우리를 가다린지 오래라며 시끄럽게 노래한다. 신발을 벗고 건너라며 물살을 줄이지 않는다. 요지부동이다.

그리고 이어지는 하염없는 고갯길의 연속이다. 저만큼 올라가면 꼭대기 싶어 올라서지만 또 이어지는 오르막길 빙빙 돌아 올라서도 끝없는 고갯길이다. 지그재그로 오르는 길에서 돌다가 지쳐간다.

9일차

7월 16일(일)

Twin Lake ➡ Bench Lake

7마일(11.2km)

이역만리 산속 외길에서
한국사람을 만나다

              거의 대부분의 날들이 상큼하고 깨끗한 캘리포니아 날씨의 연속이다. 비는 오지 않고 천둥 소리만 지난 8일 동안 두 번 있었을 뿐. 오기 싫은 비여서 일까 5분 대기조 대기 상태 점검 하듯이 흉내만 내고 만다.

  준비는 해왔으나 그동안 사용치 않던 썬글라스를 처음으로 착용한다. 세상 모든 것이 덧칠 되어 온다. 눈에 익숙지 않아서인지 높고 낮은 감각을 찾지 못해 한동안 애를 먹었으나 종일 태양에 반사되는 눈길에서 눈이 아픈 것보다는 나을 것 같아 야영장 도착 때까지 끼고 걷는다.

  길을 헤매며 출발한 지 두어 시간 쯤 비탈진 눈길을 걷고 있을 때 반대편에서 오고 있는 60대 한국 사람 2명(백승태 외1인)을 우연찮게 만나 이산가족 상봉 하듯이 가는 길이 지체되는 것도 한동안 잊은 채, 포옹하고 사진 찍고 통성명하느라 난리를 쳤다. 존 뮤어 트레일 트레킹 중에 처음으로 만난 한국 사람이었다. 서울에 거주하고 지난 6월 28일 출발해서 휘트니로 가고 있는 거란다. 이역만리 그것도 존 뮤어 1,000리 외길에서 조국이 같은 사람을 만난다는 게 그야말로 꿈만 같았다.

존뮤어 트레일을 걷다보면 하루에 2팀 정도는 만나게 된다. 이들은 북에서 남으로 걸어 내려오는 길이란다. 산길 위에서 만남은 언제 누구나 처음 만나더라도 동료애와 서로를 인정해 주는 존경의 자리가 된다.

지난 겨울 엄청나게 많이 온 눈이 녹아내리는 물로 인하여 고도가 높음에도 불구하고 계곡도 아닌 곳에서도 물길이 만들어져 가는 길을 곳곳에서 방해 하고 있는 산속 트레일이다. 트레커는 몸의 균형을 잡기 위하여 반드시 스틱1개 지참은 필수가 된다.

눈 경사면으로 난 길. 경사면을 오를 때는 네 발로 기어야 할 때도 많이 있다.

핀초트(Pinchot Pass. 12,050피트) 패스를 넘은 날이다. 아직도 눈 경사면은 우리의 갈 길을 충분히 지연시키고 있다.

지난 겨울 폭설이 쏟아진 눈길로 인해 눈 속에 파묻힌 존 뮤어 본래의 길을 찾지 못해 트레커는 저마다 눈 위로 새로운 길들을 오늘도 여러 곳에서 내고 있다. 길을 잃는다는 것은 곧 길을 알게 된다는 믿음으로.

12시 30분쯤 트레일 길에서 우측 호수 옆 야영장(밴치 레이크 Bench Lake. 10,749피트)에 신발을 벗고 물을 건너 일찌감치 텐트 치고 점심을 한다.

10일차

7월 17일(월)

Bench Lake ➡ Lower Palisade Lakes

11.5마일(18.4km)

<u>아직 끝나지 않은 겨울!</u>
<u>도착하지 않은 봄! 눈길에 물길에!</u>

벤치 레이크에서 야영하고 아침 7시에 어김없이 출발한다. 날씨는 언제나처럼 비슷하여 아침 시간은 10°정도로 쌀쌀했고 하늘은 청명하고 구름도 별로 없는 출발 시간이다. 오늘은 마더 패스(Mather Pass. 12,100피트=3,688m) 지나 팔리세이드 레이크(Palisade Lakes)까지 가서 야영하는 11.5 마일(약 18.4Km) 구간을 걷는다. 그 유명한 마더 패스 오르막 구간인 7마일(11.2km)를 올라 고개를 넘자 너나할 것 없이 파김치가 되어 간다. 저녁 5시 경 해가 서산으로 감추기 직전에야 가까스로 팔리세이드 레이크 야영장(Palisade Lakes. 경사면에 폭포수가 쏟아지고 저 아래에 호수가 있는 곳)에 도착한다.

오늘도 벌써 계곡물을 한번 건너고 또 성난 계곡을 만나 건널 곳을 찾지 못하여 물살이 약해지고 폭이 좁아지는 곳을 찾느라 상류로 한 시간 째 헤매며 올라가고 있다. 다른 팀들도 똑같이 건널 곳을 찾아 우리 뒤를 따르고 있는 이곳. 지난 겨울의 눈의 양을 가히 짐작하기가 어렵지 않다.

평지처럼 평평하게 보여 건널 곳을 찾아봐도 계곡 물은 줄지 않는다. 저 계곡물은 어디를 향하여 흐르고 있는 것일까? 계곡물처

마더 패스 고갯마루에서. 지나가던 이름 모르는 트레커분들이 직접 만든 눈사람. 우리가 만드는 눈사람과 좀 다른 모습니다.

럼 우리 또한 어디론가 흘러가고 있는 것을 우리는 각자 들여다봐야 하지 않을까? 어쩜 찰나의 아름다움으로 뽐내며 흐르는 계곡물을 보며 생각해본다.

두 번 더 슈즈 체인지하며 우리는 점차 지쳐가고 있으나, 존 뮤어 트레일 외길을 고수하려고 드는 가이드는 "길 지킴이"로 목숨을 걸은 사람 같았다.

저 산 위 호수에서 흘러나와 계곡물이 되는 순간부터 이곳 물길은 위협적으로 돌변하여 통제 불능에 이른다. 산은 푸름이 빠진 상태로 비어 있고 돌들만이 가득한데 물들은 어디서 눈과 얼음으로 묶여있다 달려온 것일까? 아님 천추의 한(恨)이 있어 쏟아 버리기라도 하려는 듯 계곡을 뒤흔들고 있었다. 그러나 이 조차도 조금

가는곳마다 산 정상임에도 어디에다가 숨겨둔 물들이 내려오는것이지 물줄기가 예사롭지 않게 많이 내려온다.

떨어져서 보고 있으면 평화로운 모습의 소리가 된다. 그 어느 때보다 시끄러운 이 세상, 온 나라로 퍼져나가는 소리되어 세계의 평화로 이어져 갔으면 하는 작은 희망을 가져본다.

오늘도 골프공 딤플처럼 생긴 눈의 표면에 빠지고, 쓰러지고, 일어나 다시 올라오고, 또 미끄러져 빠지고 하며 오랜 시간 헤매느라 등산화 속으로 눈이 밀려들어 양말이 젖고 발이 붓고 등산화 안이 질퍽거렸다. 나도 모르게 코피가 터졌다. 쓰러지면 일어나 이 길을 다시 걷는 것은 오직 나를 향한 나의 길인 것을! 하루하루 너무나 힘들고 고통스러웠지만 참으며 포기하지 않고 인생을 다시 배워 간다.

마더 고개를 거의 다 올라와 걸어온 길을 뒤돌아 보고 있다.

11일차

7월 18일(화)

Palisade Lakes ➡ Kings River

and Palisade creek Junction

7마일(11.2km)

**여름엔 겨울이 있고,
겨울엔 여름이 없었으리**

　　　　　　　　아침 기상시의 날씨가 영하의 날씨다. 트레킹 내내 영하의 날씨는 이날이 처음이자 마지막 이었다.

　얼음이 살짝 얼고 눈이 살짝 얼어 있고 추워 온몸이 경직되고 덜덜 떨고 있는데, 동행한 영국인 2명은 반팔, 반바지 차림임에도 전혀 개의치 않는 모습이다. 행동이 의연하다. 이건 뭔가? 무슨 차이로 같은 온도를 만나는 모습이 동서양 사람 사이에 이리 다를 수 있단 말인가. 평상시 육식 위주로 식사를 하여 피부에 지방이 많아서 일까? 혼자 생각하며 "춥지 않느냐?"고 물어봐도 전혀 추운 기색이 없다. 한마디로 놀랍다.

　점차 내리막으로 길은 접어든다. 산은 그 모습 그 높이로 있는데 길만 낮아진다는 것은 언젠가는 어디쯤에선가는 우리가 가야할 길이 높아진다는 의미. 그래서 결코 내리막이라 해서 좋아할 일만도 아닌 것이다. 인생이 그러하듯 길 또한 오르막이 있으면 내리막도 반드시 있다는 사실은 진리가 된다. 인생의 교훈에 동서고금이 따로 있지 않듯이.

　점심을 먹자마자 본격적인 오후 트레킹에 대비해 썬 크림도 더 발라주고 안경도 선글라스로 바꾼다. 그러나 준비한 것에 비해 오

오늘 걸어 갈 길을 바라보는 트레커 이철수. 저 산 아래 계곡으로 끝없이 걸어 내려 간다.

후의 걷기는 한 시간 가량 걷고 나서 갈림길인 이곳 야영장(큰 계곡물이 양쪽에서 급경사로 내려와 합쳐지는 곳으로 우리의 양수리 같은 곳)에 오후 1시 25분 경 짐을 푼다. 내일은 얼마를 더 높이, 더 많이 걷게 하려고 이 시간에 짐을 푼단 말인가? 좋은 것이 아니라 내일에 대한 막연한 두려움이 다가선다. 내일은 식량도 받는 날이라 곰통의 무게가 확실히 달리 느껴질 수밖에 없는 날이라는 사실도 함께 다가선다. 왠지 오늘은 계곡이 더 시끄러운 것 같다. 한마디로 아쉽다. 좀 더 걸어도 되련만… 이젠 배낭이 등에 붙어 있는지도 잘 느껴지지 않는다.

가는 걸음이 멈춰지자 익숙한 행동들이 이어진다. 텐트가 설치

야영장에 설치된 2인용 텐트와 갈림길 안내 표지판에 걸려 있는 주인 잃은 아이젠!

호수에 갇힌 물이 계곡으로 떨어져 잠시 죽지만(?) 다시 생명의 근원이 된다. 종일 있는 힘을 다해 떨어져 내리는 물소리에 이방인의 잠은 늘 사치가 된다.

되고, 주방이 차려지고, 빨래가 바람을 부르고, 쏠라 충전기는 햇볕을 깊이 빨아 대고, 계곡물은 벗은 나를 돌며 씻어주고, 이런 각자의 일상이 끝나갈 무렵 동행한 영국인 남성이 사슴(Deer)이 있는 곳이 있다며 나를 안내한다. 목에 빨간 표시를 한 예쁜 사슴이다. 이 사슴은 그동안 본 사슴과는 달리 목에 빨간 표식을 두르고 있는 모습이 공원에서 별도의 목적이 있어 관리되는 사슴인 것 같아 보인다. 키 큰 나무와 키 작은 나무들이 잘 어울려 숲을 이루는 대자연에서 제멋대로 노니는 다른 동물과 달라 보여 왠지 모르게 기분이 좀 안 좋다.

야영장에서 만난 사슴. 빨간 표시가 있어서 일까? 왠지 슬픈 눈동자다. 표식이 없는 사슴은 왠지 자유로워 보인다.

삼거리(8,113피트)의 초라한 안내판은 존 뮤어 트레일의 북과 남쪽을, 심프손 메도우(Simpson Meadow)와 미들 포크 트레일(Middle fork Trail)을 가리키고 있다. 표지판 위에는 누군가의 주인 잃은 빨간색의 아이젠(Eisan)이 덩그러니 올려 있어 떠난 것인지 버린 것이지 저만 모르고 주인이 되돌아오길 기다리는 것만 같아 애처롭다. 이곳은 물길도 합쳐지고 길도 삼거리가 되는 교통 요지인 듯 계곡물이 합쳐지는 소리가 시끄럽게 요란하다. 오가는 사람이 눈에 간혹 띈다.

12일차

7월 19일(수)

Kings River and Palisade creek

Junction ➡ Big Pete Meadow

7마일(11.2km)

탄생과 소멸이라는 순환에서
우리는 지금 어느 한순간을 살아가는 것이려니

오전 등정은 짧게 간 레 콘테(Le Conte)에서 멈추고 같이한 가이드 2명이 식량 보급품을 수령하러 직접 동쪽인 비숍 패스 방향으로 8마일(약 12km)정도를 다녀온단다. 그 사이 우린 편히 쉬고 자고 마음대로란다. 이쪽 길의 험난함을 알기에 고생될 걸 생각하니 괜히 잠시 미안해진다. 가이드 두 명이 공급 받으러간 사이 야영장에는 제 각기의 편한 자세로 자기를 돌아보는 소중한 시간이 되고 있었다. 해 맑은 숲속에서 태양열 충전기를 꺼내놓고 해 따라 도는 해바라기처럼 야영장을 돌아다니며 터지지 않는 핸드폰과 카메라를 충전하며 빈둥거린다. 이맘 때 쯤이면 서울어린이대공원에 찾아와 있을 작고 요란한 손님도 여긴 찾아오지 않는다. 고도가 높아서 일까? 그 흔한 매미 소리도 들을 수가 없다. 오후 4시 30분 빽빽 가득 우리의 식량을 잔뜩 짊어지고 가이드가 돌아왔다. 마치 어릴 때 시골 5일장에 맛있는 과자를 사러 간 엄마가 어서 오기를 기다리고 있었듯이 우리 모두는 자석에 끌리듯 배낭으로 몰려든다.

내 간식거리는 몇 개의 에너지 바와 팩소주뿐인 것이 슬퍼진다. 그래도 함께 올라온 음식 중에 우리의 김치가 작은 통으로 하나 올

일찌감치 도착한 야영장 모습. 레인저가 야영지까지 방문하여 담소를 나누고…

라와 식사하는데 도움이 되었으며 신경호 후배와 국물로 조금 남은 김치를 안주하여 팩소주 하나를 나누어 비운다. 그래도 이역만리 그것도 산중 생활 12일째에 하늘도 조금만 열려 있는 깊은 산속에서 소주 반 잔이라도 할 수 있었다는 걸 큰 기쁨으로 알고 행복한 마음이었다. 소주 한 잔에도 행복할 수 있다는 사실이 세상사는 마음먹기 나름인 것을 다시 한 번 더 느껴본다.

그나저나 무거워서 진작 내려 보냈던 옷가지가 음식물과 함께 다시 잘못 올라 왔다. 비닐 한 장도 짐이 된다며 줄이고 있는데, 짐이 오히려 늘어나는 엄청난(?)일이 발생되고 말았다. 당황스럽고 환장할 노릇이지만 이를 어찌하랴 다시 마음을 고쳐먹어 본다. '이것도 하느님께서 내가 다 감당할만하다고 판단하시어 내게 올라

산 속 "만남의 광장". 주방의 또 다른 모습이다.

온 것이려니'라고 생각만 해 본다.

　오전 트레킹에 눈길 위를 걷던 중 발 아래 눈 가장자리가 주저앉는 일로 허공을 맴돌던 손가락과 무릎이 눈 아래 숨겨져 있던 날카로운 돌조각에 찔려 손가락과 무릎에 약간씩 피가 나오는 일이 발생된 사건(?)도 있었다.

　어차피 인생이 그러하지 않은가? 깨지면 치료하고, 쓰러지면 일어나고. 이 길을 걷는 것은 세상을 따라가는 것도 아니고 오직 나를 향한 길인 것을. 하루하루 포기하지 않고 배워간다.

　이젠 거친 계곡의 숨소리가 흡사 도심에 차량이 지나 다니는 소리로 들리는 것이 산 속에서의 생활이 일상이 되는 것을 느껴 가고 있는 나를 발견한다.

13일차

7월 20일(목)

Big Pete Meadow ➡ Evolution Lake

11.9마일(19km)

존 뮤어!
그를 기억하며

　　　　　　　　매일 해가 뜨고 지는 것과 같이 매일 고개 하나를 넘는 것은 필수다. 오늘도 해는 밝았다. 예외는 없다. 남부보다 오히려 눈의 두께가 얇아 보인다. 매일 매일을 걸어 조금이라도 추운 북쪽으로 점차 올라가고 있는데 웬일일까? 그렇다면 마지막 우리가 가야할 투올롬 메도우에서 요세미티 해피 아일스 구간에도 눈이 그리 많지는 않지 않을까? 라며 조심스럽게 완주를 꿈꾸는 기대를 해 본다.

　오전 내내 8마일(약 13km)의 오르막 길(표차-약 3,300피트 =1,000m)을 올랐다. 이리 저리 꺾어 올라서면 갈 길은 저만큼 달아나고, 내 다리는 아예 땅에 붙어살려는지 떨어지질 않고, 거친 호흡만이 허공을 향한다.

　지금 우리가 걷고 있는 이 "존 뮤어 트레일"은 평생을 자연보호 운동가로 활동하다 1914년 타계한 "존 뮤어"의 업적과 공헌을 기리고자 그의 이름을 달고 1915년부터 트레일 공사가 시작되었고 1938년 완성되어 오늘에 이르고 있으며, 그 길 전체의 중간 정도인 이곳을 "존 뮤어 트레일(John Muir Trail)"과 "존 뮤어 패스 (John Muir Pass. 11,975피트=3,650m)"로 정하고 고개 정상에는

존뮤어 패스로 향하는 길! 지난 겨울 내린 눈의 적설량이 나로선 짐작이 가지 않는다.

"뮤어 허트(Muir Hut. 오두막)"을 지어 지나는 트레커들의 위기에 대피소로 이용토록 하고 있으며, 요세미티 해피 아일스에서 128마일(204.8km) 지점이 된다.

둥근 형태의 단층 오두막 안에는 출입문과 북쪽으로 난 사각형의 작은 창이 있고 사람이 둘러앉을 수 있도록 벽면을 따라 부착된 의자가 있으며, 몇 점의 존 뮤어 사진이 전부인 곳이다. 전등 없는 3~4평 규모의 내부에는 북쪽 방향으로 난 작은 창 하나뿐이어서

John Muir Hut(오두막)에서 함께한 일행.
좌측 첫 번째가 필자 이철수.

존 뮤어 허트에 설치된 존 뮤어 관련 동판

   대낮에도 한참이 지나서야 사물이 희미하게 분간이 될 정도였다.
   오늘도 어김없이 길은 호락호락 내주질 않았으며 전체 구간 중 사분의 삼은 눈길의 연속이었다. 그만큼 고도가 높아졌다는 뜻이기도 하며 지난 겨울에 눈이 많이 왔다는 반증일 것이다.

존뮤어 패스에서 만난 호수 모습. 계절이 한창 여름임에도 호수 위 눈은 계절을 잊은 채 일부만 여름을 맞이하고 대부분은 겨울의 기억을 머금고 녹지 않고 있다. 남에서 북쪽 방향으로 가는 길에서 뒤돌아 보고 찍은 모습의 여름 호수이다. 산 또한 북쪽 벽면이라 눈이 그냥 그대로인 모습!

눈길을 걷느라 속도가 나지 않아 야영장인 에볼류션 레이크(Evolution Lake)에 6시가 넘어서는 늦은 시간에 도착한다. 먼저 도착한 다른 팀들은 벌써 텐트를 치고 빨래를 다한 듯 여유로운 모습이다. 우린 해 지기 전에 텐트도 치고 빨래, 목욕도 해야 하는 부지런을 떨어야 할 시간이 된다. 오늘의 야영장은 호수에 갇힌 물이 저 절벽 아래로 떨어져 내리는, 높이가 엄청 느껴지는 폭포가 바로 시작되는 곳 옆이다. 그야말로 내려 붓는 폭포수 소리가 차원을 달리한다. 이 또한 자장가 삼아야 내일을 기약할 수 있는 것을.

나무나 풀이 거의 자라지 못하는 바위, 돌이 지천인 곳이다. 구름은 가끔씩 흘러 가나 비를 만나기는 힘든 이곳의 여름 날씨이다. 남쪽 방향에서 북쪽 방향으로 보고 찍은 모습이라 산의 면이 남향이 되어 그나마 눈이 많이 녹고 없는 모습이다.

103

무지개 핀 계곡의 폭포.

존 뮤어 트레일에 대한 우리의 열망을 담아 제작하여 (모자, 베낭) 부착한 자수 표식.
"수호팀-대한민국"

Evolution Lake 야영장 모습. 텐트 앞 좌측 호숫물이 거대한 폭포가 되어 우측으로 떨어지기 직전인 곳의 모습이다. 물 떨어지는 엄청난 소리에 놀라 밤잠을 설치기에 아주 딱이었다. 이곳에 도착하여 목욕을 할 때는 조심하여야 한다. 잘못하면 물살에 떠내려가 저 아래로 떨어져 아주 영영 갈 수가 있다. 조심할 일이다.

14일차

7월 21일(금)

Evolution Lake → Shooting Star Meadow

14.4마일(23km)

각자의 삶을 마무리한
나무들이 돌아가고 있다

　　　　　　　　　　오늘은 14.4마일(23km)을 걸어야 한다, 길은 마른 먼지가 진동하였고 곳곳이 쓰러진 나무로 길이 막혀 돌아가야 했다. 늘 날씨는 화창하고 하늘엔 구름도 잘 보이지도 않는 날씨다.

　오전 걷기의 대부분은 내내 내리막길(9.1마일=14.56km)의 연속이다. 그 가운데에서도 물길을 두 번 건너서다. 산길을 많이 내려왔는지 계곡의 물소리가 예사롭지 않다.

　나무 다리를 건너기 직전 평평한 평지 나무 밑에서 따뜻한 햇살과 점심을 나눈다.

　점심 후 걷는 길은 계곡 옆길로 물이 내려가듯 같이 동행이 되어 내려만 가는데, 물들이 훨씬 빨리 가고 우리는 뒤를 따른다. 저 산 위에선 못 보던 것들도 눈에 띄고 오밀조밀한 나무들도 있어 우리에게도 익숙한 숲의 모습이라고 이름 붙일만한 곳들이 이제야 나타나곤 한다.

　햇볕에 나서기만 하면 목덜미가 따가 왔고 그늘에만 들어오면 시원한 기온이다. 이 시간 서울은 후덥지근한 여름 날씨일게 분명하다. 불쾌하지 않은 것이 습기가 없다. 이렇게 존 뮤어 트레일의

오늘 걸어 가야할 계곡길의 아침해 떠오르는 시간이다. 사진 속 아래 좌측 부분과 우측 중간 위치에 희게 보이는 부분이 위에서 떨어져 내린 물길이 호수처럼 고여 있는 모습이다. 사진 속 계곡이 이어져간 끝부분까지 내려가는 길(9.1마일=14.56km)에는 위협적인 계곡물을 만나 수 차례 신발 교체를 하며 건너야 길이 이어져 간다. 저 계곡을 다 내려가면 풋브릿지(Footbrige)가 나오는데, 다리를 건너자마자 오른쪽으로 존 뮤어는 계속 이어 간다.

여름은 숲과 함께 가장 깊숙이 깊어가고 있었다. 길은 온통 흙먼지와 나무가 쓰러져 흙이 되는 과정에서 잘게 부서진 것들과 소나무 잎 등이 흩날린다. 참으로 깡마른 하늘에다 대지다. 식물들은 무슨 수분을 어디서 취하여 성장하고 꽃을 피운단 말인가. 팝송에서 캘리포니아에는 비가 오지 않는다는 말이 가사 말만은 아닌 듯하다. 오죽하면 팝송 제목이 되었을까 생각해 본다.

   트레일을 걷는 내내 넘어진 나무들을 무수하게 많이 만나게 되는데, 어떤 것은 가는 길과 나란히, 또 어떤 것은 뒤섞여 있고 또 어떤 것은 아예 길을 막고 있어 돌아가게 하거나 타 넘고 가게 하여

존 뮤어 Wilderness표시판 앞에서.

한마디로 제각기 다른 삶으로 누워 있는 모습이다.

  태어나 하늘로만 향하던 머리를 어떤 사정과 사고로 땅으로 누이고 있는지는 알 수 없지만, 각자의 삶을 마무리한 나무들마저도 우리 사람 사는 모습과 닮았지 않는가 생각해 본다. 가고 있는 길과 같은 방향으로 동행을 하거나, 저 편에서 제멋대로 다리 꼬고 방관하거나 혹은 외길에 드러누워 떼를 쓰고 있으니 말이다.

  더 안타까운 것은 어떤 것은 톱날에 두 토막으로 잘려 길 양쪽에서 잘린 나이테를 마주 보며 아프게 끝난 단절을 한탄하면서 길을 내어 주기도 하는데, 톱날에 썰려서야 이어진 이 길을 지나는 나에겐 반으로 잘린 나무가 휴전선 비무장지대처럼 다가와 오가지 못하고 있는 우리 현실에 생각이 미쳐 아팠다.

  길은 멀어 존 뮤어 wilderness표지판이 있는 곳을 지난 지 한참

Footbridge. 사진 앞에서 다리를 건너 우회전하여 존 뮤어 트레일이 계속된다.

만에 우측 개울가 야영장(Shooting Star Meadow 인근)에 오후 4시 경 도착한다. 야영하는 곳은 무조건 호숫가 아님 개천가일 수밖에 없다. 식사, 빨래, 목욕 등을 해결해야 하니까 당연히 그리리라.

다시 한 번 더 생각해도 이곳은 자연보호 밖에는 다른 행위를 할 수 없는 그런 곳이라 생각이 든다. 그래도 높이가 10,000피트 이하 지역은 개발해서 임산물이나 임업 관련 부산물을 생산할 수 있으리라 생각도 가져보나 기반 시설 갖추는데 어마어마한 자본이 투자된다고 보면 그냥 가만히 놔두는 것이 진정한 자연보호라는 말에도 일리가 닿았다.

야영한 에볼류션 고갯마루에서 2,700여 피트(815m)를 더 내려오니 폭 넓고 물살 센 냇가가 함께 따라와 있어, 난 무서워 물가에 나뭇가지를 잡고 목욕과 빨래를 한다. 모든 것이 개운하게 느껴지는 오후다.

TIP 고산(高山)지대에서 밥 짓기 요령

1. 시간을 오래하여 끓이면서 눌어붙지 않도록 한번씩 저어 주어야 함.
2. 물은 평상시보다 거의 2배 정도 넣어야 하고
3. 약한 불에서 오랜 시간 뜸을 들여야 하고, 뚜껑 위에 돌을 놓으면 도움이 됨.

＊참고

1) 고산 원정대가 알파미(쪄서 말린 쌀)가져가는 이유: 밥은 잘 되나 밥맛이 떨어지는 것이 흠이다.
2) 저녁에 미리 아침 먹을 밥까지 함께 짓는다면 아침식사 시간을 절약할 수 있다. 밥은 반드시 비닐 팩이나 밀폐통에 옮긴 후 곰통에 보관해야 곰의 습격으로부터 보호할 수 있다. 코펠 바닥에 남은 밥은 물을 많이 넣고 숭늉을 끓여 다음날 식수로 이용할 수 있다.
3) 한식(韓食)은 준비 시간, 부피, 무게가 상대적으로 많이 소요되거나 나가는 바 식단을 고열량의 양식 위주(간편식, 행동식)로 하여 시간, 무게를 줄일 것. 장거리는 무게와의 전쟁이다.

15일차

7월 22일(토)

Shooting Star Meadow ➡ Marie Lake

8.5마일(13.6km)

이름을 붙이는 순간 보이는 것들,
같이 살아가야 할 공존의 땅!

고도를 많이 낮추어서인지 평화롭게 펼쳐진 주변 풍경이다. 오늘이 존 뮤어 트레일 전 구간으로 계산했을 때 1/2지점을 지나는 날이다. 이를 기념하기 위하여 아마도 1/2되는 길의 주변에 뮤어 트레일 랜치Muir Trail Ranch(해발 약 8,300피트=2,530m))를 만든 것 같다. 출발하여 조금 가다가 가는 길에서 좌측으로 방향을 틀어 약 1km 들어가니 숲 속에 아늑하게 자리한 뮤어 트레일 랜치가 있다.

뮤어 트레일 랜치에 들러 우리에게 온 공급물품을 수령하는 시간이다. 이곳은 정해진 날짜에서 일정 시점이 지나도 사정이 생겨 찾아가지 않는 물품은 관리인이 품목별로 구분되어 있는 통에 넣어 둔다. 이때 뮤어 트레일 랜치를 들린 사람들은 자기가 미리 보내 놓은 물품도 찾고 자기에게 필요한 품목이 있으면 통을 뒤져서 보충도 하고. 트레일에서 약간 벗어나 있어 왕복해야 하는 불편을 감수하고서도 트레커들이 뮤어 트레일 랜치를 찾는 주된 이유가 되는 것이다. 우리도 각자 통을 뒤져서 필요한 것을 보충한다. 나도 간식으로 과자류 몇 개를 확보하여 졸지에 간식을 많이 가진 간식 부자가 된다. 그러나 인생은 양지만 있는 것이 아니고 음지도

뮤어 트레일 랜치임을 알리는 팻말. 오전 8시부터 오후 5시까지 오픈한다.

늘 같이 있듯, 동전의 양면처럼 함께 있는 이치를 깨닫기에는 시간이 걸리지도 않았다. 방금 새로 보급 받은 곰통의 무게와 이것저것 확보한 간식의 무게까지 합쳐지고 나니 고갯길은 어깨가 무너지고 하늘이 일그러지는 고통으로 다가왔다.

물품 수령 차 벗어난 트레일을 다시 돌아오자 곧장 계속되는 5.3마일(8.2km)의 오르막길이다. 존 뮤어 랜치의 뒷산은 덩치와 높이가 그야말로 장난이 아니어서 고통이 온몸으로 엄청난 속도로 가속되며 따라 올라 온다.

방금 지나온 뮤어 트레일 랜치 풍경이 저 산 아래 우거진 나무에 둘러싸여 이제는 보이지 않고 가물가물 해진다. 오전 내내 올라온 고갯길의 정상 부근에 호수가 있고 예쁘게 펼쳐진 초원 속 바위에 기대어 허기진 배를 비스킷 몇 개로 채운다. 우리는 간식이라 하고

뮤어 랜치 물품 보관 창고. 창고 안에는 트레커들이 보내온 보급품들이 깡통에 들어 있다. 창고 좌측으로 보이는 깡통들은 방문하지 않아 보관일이 경과된 물품(식품, 장비 등)이 종류별로 들어 있어 필요한 사람들이 마음대로 가져 갈 수 있도록 하고 있다. 좌측 울타리 너머로는 말들이 보인다. 이곳에선 말들이 주요 운송수단이 된다.

저들은 이를 점심이라 부른다.

전체적으로 지역의 고도가 낮아졌다는 반증이랄 수 있는 것이 비워만 있던 산꼭대기까지 나무가 하나 두울 서있는 모습이 오늘부터 새롭게 보이는 모습이다.

오다가 호수에서 낚시하는 두 사람을 만났다. 열심히 팔을 들어 찌를 던져 송어 낚시를 하고 있다. 물이 맑아 고기를 낚고자 하는 것이 아니라 어쩜 세월을 낚고 있는 것은 아닐는지 나 혼자 생각해 본다.

식사 재료들. 부피는 작아도 열량은 높은 것들이다. 잣나무 솔방울들. 어른 주먹만큼 크다. 주인 잃은 신발 한 짝. 뒤에 오는 누군가에게 전달할 사항이 메모된 메모지가 읽히길 기다리며 돌멩이에 눌려 있다. 존 뮤어 트레일에 피어 올린 이름 모를 노란색의 야생화.

한참을 더 오르고 올라 셀든 패스Selden Pass(10,898피트=3,300m) 마루에서 마리 레이크가 펼쳐진 풍경을 가운데에 두고 사진에 담고, 경사면의 눈길을 내려온다. 원래의 길이 눈으로 덮여 알 수 없자 저마다의 길을 눈밭 위에 새로이 내고 있는 모습이 오늘도 연속극처럼 계속되고 있었다.

    늦은 오후에야 호수가 두 개 이어져 있는 마리 레이크(Marie Lake)호수가 내려다보이는 곳에 짐을 풀었다.

    내일도 14마일(약 22km)을 걸어야 한단다. 이제 점차 트레일이 끝나가는 아쉬운 느낌을 지울 수 없으면서도 앞으로 가볼 곳에 대

셀든 패스(Selden Pass)에서 바라본 아름다운 Marie Lake. 비탈진 눈에 박혀 있는 바위 모습이 흡사 태극기의 건곤감리의 '건(乾)' 모양이다.

한 기대가 함께 있는 저녁 텐트 안이다. 자야한다. 그래야 내일 걸을 수가 있기 때문이다. 이곳은 계곡과는 멀리 있어 잠이 올는지 그걸 걱정해야 할 정도로 조용하다. 지금 시간 7시 40분. 이제 자는 일뿐이다. 요즘 꿈에 여러 사람이 나타나곤 했는데, 어떤 의미가 있어서 인지 나는 잘 모르겠다.

   서울이, 친구가, 가족이, 보고픈 많은 사람이 그립고 보고 싶다. 그리고 시원한 막걸리 한 잔이 너무나 그립다. 지금 여긴 말로는 표현하기 어려울 정도로 아름다운 마레 레이크(Marie Lake)고. 난 지금 누에꼬치 속 침낭 안이다.

16일차

7월 23일(일)

Marie Lake ⇒ Quail Meadow/
Mono Creek

13.5마일(21.6km)

산에서는 누구든지 친구가 된다

역시 맑다 날씨는. 여기 모기는 정말 대단하다. 세수하는 그 순간에도 얼굴에 붙어서 피를 빨겠다고 덤비니. 오늘도 개울 하나 둘을 신발 교체해서 건넜다. 쏠라 충전기를 배낭 뒤에 달아 놓은 날, 개울 건너는 건 정말 정신없는 시간의 연속이다. 같은 끈에 신발 달으랴! 충전기 달으랴! 아니 신발 교체하랴! 그러자면 충전기는 무조건 풀어야 하는 동작이 반복되는 악순환인 것이다.

모기와의 본격적인 전쟁이다. 여기 모기는 살인 모기다. 죽기 살기로 달라붙는다. 물가며 숲이 있어 모기가 더 극성이다. 마치 각자 자기 영역이 있어 방위 임무를 띈 국토 방위병 같다. 진짜 보통 모기가 아니다. 이렇게 철저하던 모기가 자기 지역을 벗어나서인지 근무 시간이 끝나서인지 최소한의 호위 병력만 남기고 밀물 빠지듯 사라져갔다. 오, 이런 천국이여!

오후 이름을 알 수 없는 빅 마운틴(Big Mount. 큰 산)을 돌고 돌아 내려온 길로 약 두 시간 걸려 개울가에 4시 경 도착한다. 이 세상에서 우리 사람이 차지하는 공간이 얼마나 작은 것인가를 자꾸 자꾸 이곳에서 확인하고 있다.

맨날 이렇게 강을 2~4회 건너야 트레일을 이어갈 수 있다.

계곡은 왔다가 사라졌다가 다시 나타나 우릴 긴장시키고 있다. 점차 하류인지 물살이 세고 소리도 천둥치 듯 하는 것이 고도 낮은 이쪽 계곡의 특징이다

고도가 낮아진 것을 확인이라도 시켜주 듯 식물들이 풍부해 졌고 포플러(나무 표피가 흰 백색)숲도 만난다. 여기도 사람 다니는 곳은 매 마찬가지인 듯 포플러 나무 기둥 표피에다가 글씨도 쓰고 그림도 그려 무얼 표현한 것이지 내가 알 수는 없지만, 누군가가 봐주기를, 또 기억해 주길 바라며 무언가를 표시하였으리라. 마치 우리나라 명승지 바위에 이름 등을 새겨 넣는 행위와 다를 것이 없어 보인다.

이 길은 서로의 마음을 열게 한다. 처음 보는 사이라 하더라도 누구든지 산에서는 친구가 된다. 산 속의 외길에서 만나는 사람 때

포플러 나무 기둥에 세긴 누군가의 지나간 흔적들. 사랑의 맹세 쯤인 듯.

문에 세상 속에서 무너진 인간에 대한 신뢰가 다시 생긴다.

흘린 땀과 뒤집어 쓴 먼지를 냇가에서 씻고, 입고 있는 옷은 그 자리에서 빨아 그대로 입는다.

오늘도 모기한테 얼마나 시달렸는지 양팔이 온통 벌겋게 부어올랐다.

햇볕이 멀쩡한데 구름 한 조각 흘러가다 심심했던지 비 두어 방울 마른 땅에 흙먼지 일으키고 지나 간 날 오후다.

내일도 출발하자마자 오르막길을 10km 정도 또 걸어가야 한다. 자야한다. 어제도 잠을 설쳤는데. 누에고치 속으로 들어간다. 이때가 저녁 8시다.

오늘도 턱수염만 컸지 사람이 큰 것 같지는 않았던 하루가 되고 만다. 그렇지만 무언가 대단한 것들을 해내고 있다는 뿌듯한 마음이 자꾸 솟아나는 날들이었다. 세상에선 타인을 향하던 시선이, 산 속에선 오롯이 자신에게 향하는 것 같아 그러하리라. 날이 갈수록.

17일차

7월 24일(월)

Quail Meadow/Mono Creek ➡ Silver Pass ➡ Fish Creek

9.2마일(14.8km)

강가에 어둠이 내리면 새들은 떠나갔고,
우리는 새들이 떠난 그 숲 속에서 희망을 꿈꾼다

 충전기에 충전이 잘 안 되는 지형에서의 아침 등반이 이어진다. 소나무 그늘에다 태양을 돌아앉은 산길에다 오늘 따라 짙은 구름도 하늘 가득 떠다니고, 충전기가 햇볕을 정면으로 받아 따뜻하게 온도가 올라가야 충전이 되는데, 햇볕이 그리워진다.
 기록하지 않은 문명은 언젠가는 종족이 사라져 가고 문화도 지워지는 이치처럼 결국은 충전되지 않는 충전기 땜에 아무것도 기록치 못하는 불상사가 발생하였다.
 하늘은 비교적 맑았음에도 짙은 구름들이 많이 떠다녀서 충전하기에 어려움이 커서 결국은 핸드폰이 스스로 꺼지고 잠시 후 다시 켜니 년도가 뜬금없는 2016년 1월 1일로 표시되면서 잠시 살아난다. 메모장 일부와 일정표도 보이지 않고 그야말로 기록에 난리가 났다. 일부러 꺼두지 않아도 휴대폰이 사람 부르지 않는 여기는 첩첩산중!
 점심시간에 먹구름 한 장이 몰려오더니 천둥과 함께 소나기로 딱 10분만 내리고 간다. 다른 사람들은 배낭에서 옷을 꺼내 갈아입고 배낭 커버를 꺼내 둘러싸고 난리다. 금방 그칠 것을 예언이라도 한 사람처럼 난 움직임 없이 의연해 본다. "처음으로 비가 왔

계곡들은 고도를 낮추면 개울이 되고 강이 되어 조용해진다.

124

다"라고 제목을 붙일 정도로 그냥 지나가는 먹구름 한 자락의 다녀간다는 인사를 받은 셈이다.

또 모기가 극성이다. 저녁식사 시간엔 모기가 우리를 잡아먹고 있는 건지 내가 밥을 먹고 있는 건지 분간이 안갈 정도로 지독한 모기떼이다. 얼굴은 안경이 있어 공격할 곳도 별로 없을 텐데도 시사를 열심히 하고 있는 중에도 이놈들이 안경 너머로 들어와 빈곳을 가격한다. 모기 퇴치제를 온몸에 뿌려 보지만 잠시뿐이다. 미국 숲은 나무들이 키가 크고 쭉쭉 뻗어 올라 제법 멋스러운 것에 비하여 온천지를 들끓는 모기들 때문에 숲 구실을 못하는 건 아닌가 생각이 될 정도로 모기 공격이 극심하다.

정도의 차이는 있겠으나 높은 고지대임에도 호수와 계곡이 있어 서식하기 좋은 풍부한 물이 있고 숲이 있으니 모기의 출몰은 당연하겠지만 모기 땜에 텐트 밖에서의 생활을 도저히 할 수가 없을 지경이다. 모기 공격으로 저녁을 후다닥 간신히 먹고 이빨 닦고 서둘러 자는 일만 남아 있는 야영장이 된다.

오늘도 해 뜨면 아침이고, 해지면 밤이 되듯 건너뛰지 않고 계곡을 3번에 걸쳐 건너왔고 신발 교체도 그 만큼이다. 실버 패스(Silver Pass. 10,754피트=3,300m)를 넘어와 개울가 옆 늪지대가 함께 있는 피시 크릭(Fish Creek)에서 야영한다.

어둠이 내리자 새들은 떠나가고 없는 숲 속에서 모기와 함께 산다.

18일차

7월 25일(화)

Fish Creek ➡ Deer Creek

12마일(19.3km)

풍비박산하는 외줄기 산 길!
그만두는 것이 실패지 계속하는 한
성공의 길에 있는 것이다

　　　　　　　　　　　아침은 한 숟갈만 뜨고 끝낸다. 어릴 적 내 기억으론 농사일을 하는 황소에게나 주던 밀기울 같은 이름도 알 수 없는 거친 먹을거리는 도무지 목구멍을 넘지 못하고 입안 이곳저곳을 하릴없이 맴돈다. '오늘도 힘든 코스를 걷기 위해선 무조건 먹어야 하는데'라는 생각에 넘겨보지만 넘어가질 않는다. 이런 나의 사정을 모르는 영국 친구들은 잘도 떠들고 먹는다. '어떻게 이것을 음식으로 먹을까? 그들의 입맛에는 맞으니 저리 떠들며 먹겠지' 하며 혹시나 하고 숨겨진 맛을 찾아보지만 찾지 못한 채 꿀꺽하며 씹지 않고 그냥 목으로 넘긴다. 목구멍도 이를 아는 듯 저항한다. 익숙한 우리 음식을 내 놓으란다.

　출발부터 뒷산을 한 시간 내내 올라와 갖는 휴식시간이다. 이때 우리가 방금 온 길을 말 한 필에 의지해 말 등에 앉아 천천히 거슬러 가는 긴 머리 아가씨의 뒷모습이 숲과 잘 어울려 너무나 아름답다. 어디서 와 어디로 가는지 알 수는 없지만 우리와 같은 길 위에서 저 아가씨는 어떤 추억을 쌓는 것이지? 여하튼 "깊은 산속에 말 한 마리와 아가씨!" 왠지 잘 어울리는 멋진 단어가 된다. 영화의 한 장면처럼 지나간다.

　얼마나 산이 큰 것인지 좌측에서 우측 방향으로 한 시간을 옆으로 돌아가도 마냥 그 자리에서 도는 듯 착각이 되는 길과 산이다. 우리 인생에서도 그럴 때가 분명히 있으리라. 각자의 희망으로 살아간다고는 하지만 자꾸 헛바퀴만 돌리는 것 같이 느낄 때가 누구나 한 번 쯤은 있었을 것이다. "하는 사업을 그만두지 않고 문을 열고만 있어도 성공"이라며 "어떠한 경우라도 용기를 잃지 말라"고 말들은 하지만, 막상 그 고통과 시련의 터널 속에 있는 사람은 이것저것 볼 여유가 없어 어렴풋이 다가오는 터널 저 끝의 희미한 빛을 놓치는 안타까운 일이 벌어질 수가 있는 것이리라. 동굴은 출구가 없지만, 터널은 출구가 있다. 어쩜 시련은 터널과 같다. 반드시 끝이 있다. 그래서 희망이 있는 것이다. 조금만 인내하고 견뎌간다면 저쪽 터널 끝의 밝은 빛을 반드시 만날 수 있을 것이니. 날씨는 언제나처럼 쾌청하고 맑다. 산과 산 사이는 계곡이 되어 물이 흐르고, 계곡들은 여름을 아래로 실어 날라 저 아래 낮은 곳에선 대부분 초원이 된다.

　비 없고 습기 없는 마른 길바닥에서는 먼지가 푸석푸석 일어나고 가끔씩 찍찍 끌리는 앞선 사람 신발 뒤로 먼지가 풍비박산(風飛雹散)하는 외줄기 산길이다.

TIP 보호구역 규정(트레킹 규칙)

모든 카운티법, 주법, 연방법외에 안셀 아담스 및 존 뮤어 보호구역에서는 다음의 행위가 금지 된다.

1. 유효한 허가증이 없는 보호구역 내 야영(퍼밋은 꼭 휴대하여야 하며 레인지 요구 시 그 자리에서 반드시 제시해야 함)
2. 모닥불 금지(해발 10,000피터=3,000m 이상과 휘트니 산 트레일 모든 고도에서 금지) – 모닥불 나무 사용은 죽은 잔가지(통 큰 나무 사용금지)
3. 도보가 원칙이며 바퀴가 달린 기계 장치 금지(예외적으로 휠체어가 필요한 사람은 바퀴 달린 장치를 허용하나 실제 이용자는 보지 못하였고 자전거, 오토바이, 카트 등도 불가)
4. 어떠한 코스에서든 스위치 백(커브로 된 지그제그식 길)을 지름길로 가로질러 가기 금지(절대 앞사람 발걸음을 따라 걸어야 하며 새로운 길을 만들거나 지름길 만들지 말 것)
5. 마주 오는 사람이 있거나 추월하는 사람이 있을 경우 그 자리에서 우측으로 비켜서 지나가길 기다렸다가 갈 것이며 오르막길 또는 힘든 길을 걷는 사람이 우선. 여러 사람이 걷는 중에는 맨 앞, 뒤에 위치한 사람이 이를 알려 상대방 통행에 방해 주지 말 것.
6. 곰이나 동물이 접근할 수 있는 식료품, 세면도구, 또는 쓰레기의 소지 또는 보관.
7. 장비, 개인 소지품 또는 보급품을 주인이 없는 채로 24시간 이상 보관 또는 유기
8. 야영은 호수나 계곡 물가에서 100피터(약 30m)이상 떨어진 곳에서 가능.
9. 호수, 야영지 또는 트레일에서 30m 이내에 대소변 배설금지(15cm 이상 깊이로 파묻어야 하며, 사용한 휴지는 가지고 올 것)
10. 15인 이상 단체로 또는 25인분 이상의 짐을 가지고 보호구역 진입 또는 사용 금지.
11. 곰통(Bear Canister)필히 지참 – 모든 음식물은 곰통에 넣어 보관하도록 규정하고 있다. 곰통을 가져가는 것은 아예 의무 조항이다. 이는 곰으로부터 사람을 보호하는 것이기도 하지만, 곰의 야생성을 훼손하지 말아야 한다는 취지임.
12. 사냥 허가증(캘리포니아 주 수렵법) 받아야 호수낚시 가능. 캠프장 사용도 허가 받아야 함.
13. 모든 국립공원 내에서 반려동물 반입이 금지 된다.

19일차

7월 26일(수)

Deer Creek ➡ Johnston Lake

7마일(11.2km)

걸어야 보이는 것들!
엄청난 산불 화재 현장을 지나다

오늘은 좋은 날이자 고통이 수반되는 날이다. 식량 보급을 받는다는 것은 동전의 양면처럼 좋은 일만이 아니라 무게를 감당해야 되는 고통을 감수해야만 하는 것이다. '인생이란 것이 대개의 경우 좋고 기쁜 것만 있는 것이 아닌 나쁜 일, 슬픈 일이 늘 동행하는 것임을 알기에 사람들은 어른이 되어 갈수록 이런 감정들을 쉽사리 나타내지 않고 마치 표정이 없는 사람처럼 되어 가는 것은 아닐까'하고 생각을 해 본다.

오전 11시에 레드 메도우 리조트(Reds Meadow, 해발 약 2,330m)에 도착하자 먼저와 기다리던 현지 보급 담당이 나선다. 마지막 일정동안 먹을 양식과 점심으로 같이 가져온 햄버거 하나와 감자칩 한 봉지씩이 점심 특식으로 제공된다. 햄버거는 우리에게도 익숙한지라 맛있게 배를 채운다. 이곳은 차량이 다니는 도로와 연결되어 있는 유명 관광지라 많은 여행객들이 보이고 계속 그들을 실어 오고 실어 가는 셔틀버스만이 바쁘다. 주변으로 펜션이 몇 개가 보이고 나머진 다 자연뿐인 조그마한 시골이다. 그래서일까 주변이 아늑하다. 이제 존 뮤어 트레일의 마지막 일정에 접어든다. 마음껏 느끼고 가자 다짐을 새롭게 한다.

레드 메도우 도착을 얼마 앞둔 곳으로 대형 산불에 엄청난 면적의 산림이 훼손된 모습. 가슴이 아팠다.

    이곳에 오자 핸드폰에 막대그래프가 키를 키우고 카톡, 문자가 후다닥 떠오르며, 또 다른 세상이 열렸다. 20여일 만에 서울로 카톡을 보내 무사함을 일단 알려 둔다.
    유난히 오솔길에 흙먼지가 많이 인다. 호흡이 벅찰 정도다. 이는 오가는 많은 사람들이 있어서도 그럴 것이고, 비가 잘 오지 않는 지역 날씨 탓도 있을 터. 앞사람의 발 딛는 것조차 신경이 쓰일 정도로 먼지가 많이 인다.
    레드 메도우 도착 직전에 얼마 전 발생한 대형 화재로 나무들이 타서 죽어 서 있는 모습을 보았다. 피해를 본 광대한 면적에 온통

식량 보급받기 위해 들른 레드 메도우 리조트. 이곳은 차량이 다니는 길과 연결된 곳이다. 트럭 뒤로 셔틀버스가 보인다

타다 남은 시꺼먼 나무들이 제 각각 서 있다. 우선 엄청난 피해 규모에 놀랐고 저 헤아릴 수 없이 많은 키 키운 나무들이 마치 전쟁터에서 장수가 꺾이지 않고 꼿꼿이 죽음을 맞듯 자기 자리에서 선 채로 장렬히 최후를 맞은 모습이 마음 한구석을 아프게 쑤시며 떠나지 않는다. 화재 나고 세월이 한참은 지났는지 그래도 생명은 살아 있음을 보이는 것인지 작은 잡목들이 큰 나무 없는 땅에서 서로 키 경쟁을 하고 있는 모습 같아 더 애잔한 마음이 드는 이곳의 아픈 풍경이다.

관광객들로 붐비는 레드 메도우의 리조트 건물들이 있는 곳을

레드 메도우 주변 관광지에 있는 돌기둥. 돌기둥 앞으로 존 뮤어 트레일은 이어져 간다.

지나고 찻길도 횡단하고 5분 정도 트레일로 접어들어 가다보니 우측으로 야트막한 산 벽면에 돌기둥(우리 제주도 해안의 육각기둥 주상절리와 비슷)이 눈길을 끈다. 이런 볼거리들이 많아서인지 애들과 어른이 뒤섞이고 우리와 같은 백 패커들도 섞여 많은 사람이 먼지 자욱한 트레일 위에 서 있다. 그리고 레드 메도우는 존 뮤어 트레일을 시간 관계상 끝까지 종주할 수 없는 트레커들이 요세미티 해피 아일스에서 이곳까지 58.8마일(약 94km)을 5일 정도로 트레킹하고 일상으로 돌아가는 곳으로 많이 이용하기도 하는 곳이다.

오늘은 레드 메도우에서 북으로 멀지 않은 존스톤 메도우의 존스톤 레이크에서 야영을 한다.

길을 가다보면 나무에 부착된 표식을 볼 수 있는데, 이것은 PCT(Pacific Crest Trail)임을 알리는 안내판이다. 이곳 레드 메도우를 지나면서 존 뮤어 트레일과 잠시(15.4마일=24.6km) 갈라져 나란히 가다가 천개의 섬(Thousand Island Lake)에서 다시 만나 투올롬 메도우에서 존 뮤어 트레일은 서남향으로 방향을 틀어 요세미티 해피아일스로, PCT는 북으로 계속 올라 간다.

    오늘도 여전히 모기와의 전쟁을 했다. 피차 사상자를 최소화하면서. 트레일 중요 장면을 촬영키 위해 출국 전 인터넷을 통해 구매한 카메라가 60미리 대포처럼 앞으로 머리를 내민 채 정지되어 가뜩이나 무거워 주체하기 힘든 짐 관리 및 사진 촬영에 큰 애로를 겪었을 수밖에 없었다.

레드 메도우(Reds meadow) 모습.
언덕이 붉은색을 띠고 있다. 그래서 붙여진 이름이 래드 메도우다.

20일차

7월 27일(목)

Johnston Lake ➡ Garnet Lake

12.3마일(19.7km)

실타래를 풀어 놓은 듯,
이 길의 끝은 어디인가?
숲 속에선 알 수가 없었다.

이제 3일뿐이다. 그토록 걷길 희망한 존 뮤어 트레일! 짧아지는 거리에 비례하듯 무뎌가는 감각을 살려 즐기자고 다짐을 한다.

산이 얼마나 크고 웅장한가는 여러 번 언급했지만 두어 시간을 걸어 올라와도 끝이 없는 산의 형태. 오전 두 시간은 올라 왔다. 곧장 직선으로 정상으로 접근하는 게 아니라 얼마 전에 50년 운행하고 역사 속으로 사라져 간 우리나라 영동선 기찻길의 지그재그 형태로 여기선 스위치 백(Switch Back)이라 불리는 길로써, 거리는 짧지만 길이는 엄청나게 늘어나 시간이 많이 걸릴 수밖에 없는 구조다.

경치 좋은 로살레 레이크(Rosalie Lake)를 막 벗어나는 지점에서 한국 출신 젊은 재미동포 부부를 우연히 만났다. 사진도 같이 찍고 잠시지만 Rosalie Lake가 시끄러울 정도로 야단법석을 떨었다. 궁금한 투올롬 메도우에서 해피 아일스까지 마지막 코스 상태를 묻고 등산로에 대해 의견을 구했으나 투올롬 메도우에서 출발하여 모른다고 했다. 말이라도 원활하게 통하는 게 적지에서 아군

아름다운 Rosalie Lake에서 만난 젊은 재미동포 부부. 원활한 의사소통이 가능하여 너무나 반가웠다. 반가운 나머지 이름도 물어 보질 못해서 아는 게 아무것도 없이 헤어졌다.

만난 것처럼 너무나 반가웠다. 그러나 정작 이 젊은 부부 이름도 못 물어 봤다. 이들은 휘트니 산을 목표로 남행 루트로 걷는다고 했다. 오늘이 그 3일 째라며…

 가던 길에서 우측으로 5분 정도 들어가 평화로운 광경의 샤도우 레이크(Shadow Lake) 큰 바위에 올라 비스킷에 치즈와 딸기잼을 발라 점심을 하고 햇볕을 바라보며 바위에 누워 휴식을 취한다. 바위 아래엔 다른 가족 단위 한 팀이 먼저와 낚시를 하고 있다. 워낙 물이 하늘처럼 맑아 왠지 고기가 없을 것 같다.

 오늘은 3시 경 걷기가 끝나고 Garnet Lake(해발 9,690피트 =2,960m)에서 야영지를 찾는다. 마땅한 야영할 곳을 찾지 못해 호수 북쪽을 끼고 0.8마일(1,300여 m)를 들어와 마당바위 돌들이 많

한폭의 그림 같은 샤도우 레이크(Shadow Lake).

  은 곳, 호수가 내려다보이는 명당자리를 찾아 텐트를 치고 목욕(이때 호수 바닥에 날카로운 돌이 있어 오른쪽 발바닥을 약 1cm정도 베였다-발한테 미안하다는 생각이 참으로 많이 들었다. 온 종일 험한 길 고생했는데 피까지 나게 만들었으니)을 하고 빨래를 한다.

  내일은 가 본 사람 누구나 입을 모아 찬사를 아끼지 않는 그 멋지다는 천 개의 섬 호수(Thousand Island Lake)를 볼 수 있고 야영은 마지막으로 하는 날이 될 것 같다. 얼마 남지 않은 날들을 생각하니 보이는 모든 사물들이 다시 새롭다. 식사 도구, 물 정수기 등 매일 곁에서 함께하여 소중함을 잊고 있던 것들을 사진에 담아 보

종일 걷고 도착한 Garnet Lake. 존 뮤어 트레일에서 한참을 걸어 들어와 자리 잡았다.

왔다. 우리 인생의 살아가는 모습 또한 닮은꼴이지 않는가? 평상시 하잘 것 없어 보이던 것들도 어느 날 어떤 계기가 되어서 다시 의미를 부여하여 보게 되면 달라 보이고 생각의 깊이와 넓이가 달라지는 것은 아닐까 생각해 본다.

    여긴 저녁시간 물가인데도 모기가 별로 없어 우리나라 어딘가로 야영 온 것 같다. 한마디로 살만하다. 주변의 아름다운 풍경이 눈이 지치도록 늘 보던 것임에도 왠지 새롭다.

존 뮤어 트레일 팻말과 함께 주변 약도가 있어 처음 오는 등반객들에게 도움이 되고 있다.

TIP 곰(Bear) 대처 방법(요세미티라는 말 자체가 인디언 언어로 "곰"에서 유래) - 곰이 자주 출몰함.

1. 곰과 마주쳤을 때는 등을 보이며 도망치지 말고 눈을 주시한 채 뒷걸음으로 벗어날 것. 상대적으로 사람 숫자가 있을 경우 곰과 정면으로 또는 비스듬한 위치 (가급적 높은 쪽)에서 팔, 다리 벌려서 곰보다 크게 보이게 하여 소리를 지르거나 곰통이나 냄비 등을 두들겨 시끄럽게 하여 곰이 스스로 피해서 가도록 유도할 것.
2. 길을 걸을 때는 서로 큰소리로 이야기를 하거나 노래를 부르며 나의 존재를 곰에게 알릴 것.
3. 곰통 관리 철저-베낭이나 텐트 안에 음식물을 들이지 말 것. (자극이 강한 냄새나는 요리 예컨대, 송어 매운탕은 삼가하고 텐트 안에 들어 갈 때는 몸에 밴 냄새들을 모두 제거하고 들어갈 것)
4. 곰의 주 활동 시간: 저녁 어스름할 때와 새벽녘에 야영을 주로 하는 물가로 물을 마시러 오는 경우가 많기 때문에 특히 주의를 기울일 것.
5. 곰통이 없거나 공간이 부족한 경우는 질긴 부대자루에 넣어 묶은 뒤 주변 은폐된 높은 나무에 걸어 곰의 약탈에 대비할 것.

21일차

7월 28일(금)

Garnet Lake ➡ Lyell Creak

16.8마일(26.88km)

함께 걸었으나 우리는 각자였고,
각자 걸었으나 우리는 함께였다

　　　　　　　　　날씨는 너무나 상큼하게 여전히 좋다. 호수 주변으로 새들이 모습은 보여 주지 않는 채 소리로만 아침을 알린다. 길 따라 이 길이 이어져가겠지만 대부분 작은 고랑으론 물이 흐르고 그 물을 딛고 나아가야 하는 길이다. 야영하기 위해 들어온 길을 되돌아 나가지 않고 야영한 가넷 호수(Garnet Lake)에서 곧장 북쪽으로 방향을 틀어 인적이 많지 않아 잘 정리되지 않은 산길을 한참을 헤매며 찾아 걸은 지 채 한 시간도 안 되어서 천개의 섬으로 유명한 사우센드 아일슬랜드 레이크(Thousand Island Lake, 해발 9,847피트=약 3,000m)에 도착한다.
　걷고 있는 오솔길 앞 호수 뒤로 멀리 서남향 방향에서 높은 산이 병풍처럼 둘러 쳐져 있고 호수 안에는 마치 작은 섬 같은 모습의 돌들이 호수 수면 위로 무수하게 흩어져 있으며, 그 섬 같은 돌들 각기마다 작은 나무들이 자라고 있는 평화로운 아침 풍경이다. 섬이 천 개라서 붙인 이름은 아닌 그 숫자가 많음을 비유해서 그렇게 이름 지었으리라. 우리는 번갈아 가며 사진으로 이곳의 그림 같은 아름다운 모습을 담는다. 자연이 오랜 시간을 들여 빚어 놓은 예술품에 인간은 단지 감탄하고 놀라워할 뿐이었다. 숨이 막힐 것 같은 사우센드 아이슬랜드 레이크(Thousand Island Lake) 전경. 실제 섬숫자가 천개는 아닌 듯... 작은 섬들이 호수와 함께 어우러저 멋진 풍경을 연출한다. 이곳 호수부분의 고도가 9,847피트

(=3,000m)로 높은편이며, 뒤로 보이는 뾰족한 산은 Banner Peak(해발12,945피트=3,946m)으로 양쪽 산 사이가 North Glacier Pass다.

야영지에서 한참을 걸어 올라 사우젠드 아이슬랜드 레이크(Thousand Island Lake)로 가기 전 산속 길에서 만난 이름 모를 작은 호수. 물이 너무 맑아 하늘보다 더 짙다.

아름다움이었다.

   존 뮤어 트레일의 종점이 임박해서인지 점차 오가는 하이커가 확실히 많아진 것 같다. 휴식 시간마다 스낵 한두 개씩을 먹곤 했으나 가지고 온 절대 숫자가 적어서 나에게 온 스낵은 끝났다. 이젠 식사 때까지 굶는 수밖에 없다. 물이나 마시면서.

   가이드는 도나휴 패스 정상(Donohue Pass, 11,073피트=3,375m)에서 점심을 먹자며 배고픈 나를 앞장 서 끌고 있다. 조금만 더 가면 된다면서. 내 배는 물로 달래보지만 이미 스낵이 바닥난 것을 아는 듯 더 아우성이다. 완만한 경사 길의 정상을 올라

도나휴 패스로 가는 지루한 길. 평원처럼 넓고 아늑한 곳이다. 평지처럼 된길을 한참을 지루하게 걸어가야 한다.

오며 "I'm hungry! I'm starving! 배고프다! 점심먹자!"고 바로 앞에 선 가이드에게 떼를 써보지만 없는 스낵만 자꾸 먹으란다. HAVE NO!라고 외쳐도 계속 나에겐 없고, 저한테는 있는 스낵 타령만 해댄다.

여기도 해발이 높은 모양이다. 많은 눈이 녹지 않은 채 그대로 쌓여 있다. 남쪽 방향에서 북쪽을 보고 오르는 고갯마루는 그다지 높지 않은 고갯마루다. Island Pass(10,221피트)를 지나 4.9마일 (7.8km)를 지루하게 걸어올라 도나휴 패스에 다다른다. 여기저기 도나휴 패스 정상 바위 위에선 먼저 도착한 몇 팀들이 식사와 휴식

도나휴 패스 정상. 이곳엔 별다른 표식이 없이 바위와 돌들만이 난무한다. 멀리 계곡을 내려가 계속 걸어가면 투올롬 메도우가 나온다.

을 하고 있다. 우리도 이곳에선 똑같이 닮아 간다.

도나휴 패스를 한참을 내려와 또 피할 수 없는 개울 건너기 한판이다. 신발 교체 지시가 떨어지자 너도나도 익숙한 모습으로 신발을 교체하여 신고 개울을 건넌다. 늘 개울가는 모기가 먼저 반기는 법, 정신이 없다. 신발 바꿔 신으랴, 달라붙는 모기 쫓으랴.

그렇게 건넌 개울에서 한 30분 더 내려와 야영지를 물색하고 4시에 야영장에 도착하여 짐을 풀고 텐트를 치고 곰통을 주방에 갖다 놓고 그 다음은 각자 빨래나 목욕 시간이 된다. 다들 익숙한 행동으로 민첩하게 움직인다. 여기 야영장(Lyell Creak)은 도나휴 패스(Donohue Pass)를 넘어서 고개를 다 넘어와 나무로 만든 다리

Island Pass지나 도나휴 패스 가는 길안내 팻말. 퍼시픽 크레스트 트레일과 합류하였음을 알 수 있다.

(Footbridge)를 건너기 직전에 우측으로 질퍽한 바닥의 늪을 돌아 100여 미터 들어가 언덕 뒤에 숨겨진 공간에 있다. 좌측으론 성이 날 때로 난 계곡물이 덥칠 듯한 기세로 하류로 흘러 내려가고 있는 물의 천지다.

  모기가 보통 극성스럽질 않다. 달라붙고 난리를 친다. 휘몰아치는 계곡물에 바람이 일어도 모기는 더 적극적으로 달라붙는 게 이곳 미국 모기의 특징인지도 모르겠다.

  그리고 외국인들은 꼭 저녁 식사 전에 따뜻한 물을 마시고 식사 또한 전식(前食)·본식(本食)·후식(後食) 순으로 2시간 넘게 진행하며 뭐가 그리 할 말들이 많은지 매일을 웃고 떠들고 한다. 우리네 시각으론 이해하기 쉽지 않은 모습이다. 모기가 아무리 침

도나휴 패스를 넘어와 한참을 내려오면 계곡 사이로 평원이 펼쳐지며 물살도 폭이넓어지며 서서히 흐른다.
도나휴 패스 정상 부분에 설치된 요세미티 국립공원 관련 안내. 이곳부터 북으로 요세미티 국립공원지역이 된다.

야영장 옆 소나무 모습. 큰 혹이라도 붙어 있는 것 같은 모습이다. 트레일 내내 이런 모습을 많이 만날 수 있었다.

을 꽂꽂이 꽂아 피를 뽑더라도 별로 개의치 않는 모습은 참으로 대단하게 보인다. 본 식사를 막 마치고 후식타임(7시 경)에 레인저(Ranger)가 늦은 시간임에도 이곳까지 찾아들어 와 간단하게 퍼밋을 확인하고 간다. 가이드와 함께하는 트레일은 오늘이 마지막 밤인 것을 확인이라도 하듯이. 벌써 트레일을 걷기 시작한지 21일째다. 시작이 있으면 끝이 있고 정해진 날은 반드시 오고야 마는 법! 그 길게만 느껴졌던 415여km도 얼마 남지 않았다.

시끄럽게만 느껴지던 개울물 소리가 갑자기 정겹게 자장가처럼 들린다.

그간 보고, 만지고, 느끼며 지나온 많은 것들이 이제는 추억이 된다. 동물은 기억하고 인간은 추억한다고 하지 않든가? "함께 걸었으나 우리는 각자였고, 각자 걸었으나 우리는 함께였다. 이 길이 있어 만남이 있었고 헤어짐도 있는 것을."

도나휴 패스 정상에서 트레커 이철수.

뜨거운 한여름 날씨에 23일동안 함께 고생한 백팩(65L). 늘 충전장치를 뒤에 메달고 다니느라 계곡을 건널 때마다 묶여 있는 끈들을 다 풀고 신발을 꺼내고 건너간 후 다시 넣고 충전기를 메느라 정신없는 시간이 된다. 한마디로 젊은 시절 군대 '5분 대기조' 군장 꾸리 듯 짧은 시간에 해결 해야만 한다. 모자뿐만 아니라 배낭 (사진 속 배낭상단에 흰 부분)에도 존무어 트레일 관련 표식을 트레일 내내 부착하고 다녔다.

모기를 피해 옮겨 앉은 텐트 안 시간이 7시 30분이다. 잠자리에 든다. 밖에서는 모기 땜에 할 게 없고, 텐트 안은 비좁아 할 일이 없긴 마찬가지. 이곳에선 삶의 방식을 여기에 맞추어야 하는 법. 잠자는 일밖에는 없다. 두 발을 쭉 뻗으면 텐트엔 발이 닿고 머리가 닿는다.

22일차

7월 29일(토) 마지막 날

Lyell Creak ➡ Tuolumne Meadows

12.8마일(20.48km)

우리도
한 점의 나무가 된다

　　　　　　　　이제 투올롬 메도우까지는 도상(圖上)
으로 계산해보니 약 13마일(20km) 정도 남았다.
　오늘 아침도 구름 한 점 없이 맑다. '마지막이다. 반드시 유종의
미를 거둬야한다'고 다짐 아닌 다짐을 한다. 출발 후 1시간은 그림
같은 풍경의 연속이다. 시간과 바람과 공기가 빚어낸 이곳 자연!
고도를 낮추어 가자 초원은 녹색으로 아름다웠고 "늙어서도 아름
다운 건 나무밖에 없다"는 수목은 저마다의 키로 캔버스에 박힌
그림처럼 서 있었으며, 개울물은 작은 물줄기를 불러 모아 힘차게
흘러 내렸다. 초원은 풍부한 물과 따스한 햇볕으로 날로 푸르러 갔
으며, 물을 부른 꽃들도 어김없이 예쁘게 피고 있었다.
　계속 내리막길을 한참을 내려오자 어느새 개울 물소리도 점차
잦아들어가고 넓은 평원이 나타나고 평지에서도 시야가 트여 간
다. 점차 투올롬 메도우가 가까워지는 모양이다. 오르막 내리막도
어느덧 사라지고 평지로 난 오솔길이 아득하게 길게 이어져 간다.
　하염없이 이리 휘고 저리 휘어 숲 속으로 난 길이 끝이 없다. 우
측 옆으로는 폭을 넓힌 개울이 동행을 한다. 점차 아래로 내려올수
록 자동차도 다닐 정도로 트레일의 폭이 넓다. 아니 사람들이 그만

투올롬 메도우(Tuolumne Meadow)로 난 계곡의 이른 아침의 풍경. 계곡 한가운데 초원으로 꾸불꾸불난 물길이 이곳이 고도가 많이 낮아져 하류임을 알리고 있다.

좁게 난 외길 트레일로 투올롬 메도우(Tuolumne Meadow)를 향해서 걸어가고 있는 트레커 이철수.

투올롬 메도우(Tuolumne Meadow)초원지대를 흐르는 리엘 포크(Lyell Fork). 계속 하류로 더 흘러 가면 투올롬 강(Tuolumne River)이 된다. 오염 되지 않아 너무나 맑다.

투올롬 메도우를 약 3.4km 정도 앞두고 있는 주변 길 안내 표시판. 철판으로 제작되어 녹슬어 사그라질 때까지 사용할 수 있어 장기간 사용할 수 있는 것이 장점인 것 같다.

투올롬 메도우 랏지 도착 직전 건너고 있는 다리 2곳.

22일을 함께한 6인 팀원 전원이 도나휴 패스쪽을 배경으로 마지막 기념사진을 남기다.

큼 많이 오갔던 모양이다. 오전 내내 평지에서 이어져간 트레일을 걷고 드디어 나타나는 표지판을 지나자 우측으로 나무로 만든 다리가 연속으로 두 곳이 이어져 나온다. 다리 위에서 지나온 뒷산을 먼 배경으로 전원이 한 장의 사진 속으로 들어가 각자의 추억이 된다.

 자연스레 도착 지점이 멀지 않은 듯, 아니 헤어져야할 시간이 멀지 않았다는 느낌들이 오는 모양이다. 12시 20분 경 드디어 종착점인 투올로 메도우 랏지에 도착한다. 도착과 동시에 텐트, 곰통, 버너, 냄비, 연료통 등 각기 지급받은 공용 물품을 반환하고 쓰레기도 버리고 남겨졌던 각자의 짐들도 다시 주인을 찾아 간다. 이곳 작은 주차장 겸 공터에는 철재 캐비닛 형 대형 곰통이 주변으로 쭉 일렬로 놓여 있어 필요한 사람들이 이용할 수 있도록 되어 있으며,

음식 보관용 박스형 곰통들. 곰들이 자주 출몰하는 지역이라 (철재)곰통을 설치하였으며, 사람만이 열 수 있게 설계되어 있다.

우리는 이 곰통 위에 걸터앉아 픽업 온 차량이 가져온 신선한 샌드위치, 샴페인. 병맥주와 스낵을 앞에 두고 먹고 마시며 서로의 완주를 축하한다. 한 시간 가량을 떠들고 마시며 자축한 후 픽업 차량에 1시 20분에 올라 한 시간을 남쪽으로 내려와 처음 만나 함께 되었던 맘모스 레이크로 이동하여 각자 예약된 호텔로 다시 이동하였다.

  22일동안 한 줄, 길처럼 이어져온 우리는 우리가 지나온 무수한 숲 속의 나무들이 그렇게 우리 곁을 하나하나 흩어져 갔듯이 점(点)으로 흩어져 간다. 우리도 한 점의 나무가 된다.

23일차

7월 30일(일) 최종 완주일

Tuolumne Meadows ➡ Yosemite

Happy Isles

22.8마일(36.48km)

때로는 가장 필요한 것을
가장 멀리 둘 필요가 있다

어제까지의 가이드와 다른 트레커와 같이 했던 일정을 마무리하였지만 존 뮤어 트레일 전 구간을 완주하지 않고는 트레킹의 의미가 반감됨은 물론이려니와 먼 이곳까지 와서 하루 이틀시간 때문에 완주하지 않고 돌아간다는 것은 한으로 두고두고 남을 것 같아 그동안 트레일 내내 고심한 결과 마지막 코스를 걷기로 결심을 하게 된 것이다. 막상 결심은 하였지만 36km가 넘는 먼 길을 더 무거워진 백팩을 지고 단 하루에 통과하기 위해선 완주 하고야 말겠다는 강한 신념을 실천에 옮길 과감한 행동뿐만 아니라 위험 또한 수반되는 것이었다.

요세미티 벨리에 도착한 후 연계되는 버스 막차 시간이 오후 8시로써 마지막 버스는 결행할 수도 있다는 것까지 고려에 두고 막차 앞 버스 출발 시간까지 도착을 목표로 하고 걷는 시간을 확보하기로 하였다. 시간 확보의 첩경은 오로지 빨리 걷는 것 밖에는 다른 방도가 없는 일이지 않는가?

그러기 위해서는 짐의 무게를 가볍게 하여 최대한 빨리 걸을 수 있는 시간을 확보하는 것 외에는 대책이 없다. 배낭을 방바닥에 다 쏟아 놓고 자체 장비 점검을 해 본다. 모든 장비 하나하나가 출발

Cathedral Peak. 투올롬 매도우에서 6km 정도 오면 만날 수 있다.

전 새것으로 고가(高價)로 구입하여 처음 사용한 것으로써 침낭과 슬립핑 패드, 하물며 식기와 여분의 옷가지 등의 순으로 너무나 아깝지만 하나하나 쓰레기통으로 살점이 떨어져 나가듯 버려졌다. 버리고 또 버려도 이것저것 등반 경험이 없어 필요 없이 많이 가져간 초보 트레커의 짐들이 무게를 많이 줄여 주질 않는다.

참고로 요세미티 벨리에서 투올롬 매도우까지 당일 산행 시에는 별도의 퍼밋이 필요치 않지만 중간에 사정이 있어 통과하지 못하고 야영을 할 경우는 반드시 퍼밋이 필요한 루트로써 가보지 않은 길에 대한 두려움과 함께 만약이라는 사고에 대비해야 하는 등 고려 요소가 많을 수밖에 없었다. 우리는 애초에 야영은 염두에 두

요세미티 벨리로 내려오면서 남쪽으로 보이는 전경

질 않고 있었던 바 야영 장비를 버리는 것이 역설적으로 준비가 되는 꼴이다. 이제 마지막 완주를 위한 출발만 남았다. 전날 호텔측에 부탁하여 예약된 시간보다 30분 빨리 픽업 하도록 한 차량을 맘모스 인 호텔에서 5시 20분에 타고 투올롬 메도우 비지터 센터 도착하니 6시 20분이다. 머뭇거릴 시간도 이유도 없이 도착 즉시 비지터 센타 건물 뒤쪽 산으로 올라가 무작정 서쪽 방향으로 길을 잡아 출발을 한다. 존 뮤어 트레일 지도책과 그 동안의 산 속에서의 걸어본 22일의 경험에만 오로지 의지한 채.

   체력이 조금이나마 왕성한 오전 중에 절반 이상의 거리를 주파하기로 하고 오르막길인 초반을 무리할 정도로 강행하며 산행을

하프 돔 전경. 이곳은 별도의 퍼밋이 있어야 오를수 있는 곳이다.

요세미티 밸리로 내려오자 펼쳐진 안타까운 모습. 얼마전 대형 산불이 나 나무들이 꽂꽂이 선채로 타서 죽었다.

시작한다. 땀이 비 오듯 하며 다리는 후들거리고 내 눈앞 풍경은 접어둘 수밖에 없는 시간이다. 내가 앞장 서 끌고 신경호씨가 뒤따르며 거의 뛰다시피 걸은 결과 오전 10시 경에 오르막 구간을 거의 통과한 썬라이즈(투올롬 메도우에서 8.4마일=13.4km)까지 진행할 수 있었다. 이제부터는 내리막 구간으로 접어들어 조금씩 속도를 낮추며 사진도 찍어가며 트레킹을 한다. 오후 1시 경 준비한 빵으로 점심을 때우고 하프 돔 갈림길까지 도착한다. 하프 돔 갈림길로 내려오는 이곳 주변도 몇 년 전 불이 난 것이지 까만 형체로 죽은 채 서 있는 수 많은 나무와 그 밑에서 새 잎을 밀어 올리는 연

생명은 위대한 것. 불탄 나무밑으로 새로운 생명들이 올라오고 있는 모습.

약한 녹색의 모습이 가슴 아프게 연출된다.
　이곳 갈림길에는 대형 노트북을 지참한 채 하프 돔 등정 퍼밋을 확인하는 어린 여자 레인저가 허가 여부 확인하기 위해 맨 땅에 앉아 종일 근무 중이다. 하프 돔 표시가 들어있는 안내판을 배경으로 레인저에게 부탁하여 사진 촬영을 하고 계속 내리막길을 걷는다. 요세미티 벨리가 가까워질수록 급경사에 돌계단으로 내려오는 길이 험하다. 긴 20km 이상 걸어온 터라 피로도 누적 되었겠지만 체중이 온통 앞으로 쏠려 발가락은 아우성이고 다리는 풀리고 상당히 힘든 계단 하산 길이다.

마멋(Marmot)마모트라고도 한다. 다람쥐과 포유류를 일컬음.

존 뮤어 트레일 시작점을 해피 아일스로 해서 출발하면 초반에 너무 힘든 산행길이 될 수밖에 없는 힘든 마지막 트레일. 그래서인지 먼저 이 길을 다녀온 사람들의 대부분이 투올롬 메도우에서 첫 시작을 하여 해피 아일스로 빈 몸으로 또는 가벼운 차림으로 산행을 한 후 다시 무료 셔틀버스 타고 투올롬 메도우로 가서 남쪽 휘트니 산 방향으로 길을 잡아 가는 이유가 여기 있었음을 급경사 길의 내려오는 돌계단을 걸어보니 알 수 있었다. 그래서 경험이 중요한 것임을 다시 한 번 더 깨닫는 것이다.

요세미티 밸리에 접어들자 우렁찬 소리로 반기는 폭포가 나오고 휴일을 맞아 주변을 관광 나온 많은 일일 행락객들에 섞여 구경하며 사진도 찍으며 시간적인 여유도 다소 있어 계곡 폭포수 아래 발도 담가 잠시나마 피로를 푼다. 연속되는 폭포가 우렁차고 힘차게 물을 아래로 떨어뜨리고 있었으며 아래쪽은 물보라. 물안개, 무지개가 피어오르고 우리는 물에 젖고 피로에 젖어들며 떨어지지 않는 걸음을 존 뮤어 트레일의 들머리인 해피 아일스(Happy Isles)로 향한다.

거창한 표지도 없고 끝나는 지점에 다리가 있고 다리를 건너가자 셔틀버스 정류장이 있고 옆으로 화장실과 식수대가 있는 앞에 게시판 형태의 해피 아일스 표시가 있어 표지판 앞에서 존 뮤어 트레일 완주기념 마지막 사진을 찍어 완주를 기념한다.

해피 아일스 도착 시점에 나는 완전 방전상태에 이르렀고. 간신히 줄서서 셔틀버스 타고 요세미티 비지터 센터를 찾아가는 중에 버스에 함께 탄 미국 중년 여성의 우리의 백팩과 모자의 존 뮤어 표식을 발견하고선 큰소리로 환영을 하며 엄지척이다. 한마디로 "존경한다"며, 지금 존 뮤어 트레일을 완주하고 도착한 우리를 반기신다. 감사하고 고마울 따름이다. 미국에도 완전 종주한 사람은 많지 않다며 원더풀을 연발하시면서 대단한 일을 했다고 칭찬이 비지터 센터에 버스가 도착할 때까지 10여 분간 이어지신다.

누구나가 마음만 먹었다고 할 수 있는 트레킹이 아닌, 쉽지 않은 일을 해내긴 했구나? 하는 생각이 들어 다리에 힘이 돌아오고 어깨가 조금이나마 가벼워지는 것을 느낄 수 있는 시간이었다.

총 23일간 총 413.44km를 걸었다. 매일 매일 18km씩 걸은 셈이다. 나이 이제 육십에.

에필로그

존 뮤어 트레일
완주를 하고 나서

        육십 넘게 평생 살아온 방식과는 전혀 다른 방식으로 살아온 23일이었다. 산 속 외줄기 413.44km 길 내내 어제 같은 오늘이 단 하루도 없었던 나날이었다. 수염은 나날이 길어만 갔고 비누 없는 세상은 완전한 자연인의 모습을 닮아 가는 데 손색이 없었다.

  때로는 이렇게 완벽하게 준비한 대자연에 경외감이 들었고, 그 풍경에 황홀하였고 때론 삭막한 돌길과 바위뿐인 산야와 여름까지 녹지 않은 눈길과 계곡에 절망하며 오로지 앞으로만 나아가고 있는 작은 나를 확인하기에 부족하지 않은 시간이었다. 나에게 이 자연은 지구에서 인간만 사라지면 문제될 것이 아무 것도 없다는 듯 흔들림이 없었다. 나에게 이 길은 한편으로 고통이었으며, 처절한 반성과 치유, 희망과 환희를 발견하고 느끼고 다짐하는 다름 아닌 인생의 길이었다.

존 뮤어 트레일 트레킹 413.44km를 완주 후 기념으로 받은 완주 가이드 스티커.

걷기 예찬의 저자 다비드 르 브르통은 "걷는다는 것은 잠시 동안 혹은 오랫동안 자신의 몸으로 사는 것이다. 걷기는 세계를 느끼는 관능에로의 초대다. 걷는다는 것은 세계를 온전하게 경험한다는 것이다. 이때 경험의 주도권은 인간에게 돌아온다."고 일찍이 얘기했다.

"걷기에는 생략과 요약이 없는 법"이지 않겠는가?

나날이 힘들었고 고된 걷기였다. 달리기는 체력을, 걷기는 마음을 수양한다고 하는데. 지난 일 여년을 나름 고통 속에 준비하였지만 체력이 고갈되고 힘든 상황에서는 이마저도 지켜지지 않았다.

형식이 내용을 지배하는 격이었다고나 할까. 매일 쉼 없이 등짐을 20kg을 지고 하루에 평균 산길 18km를 걷고 걸음을 멈추는 곳에서는 기절 직전까지 갔고 한참의 시간으로 추슬러야 멍한 정신이 온전하게 돌아오는 날이 늘어났고 육체는 매일 매일 아우성의 연속으로 날이 갈수록 회복이 더뎌졌으며 피로는 차오르기를 거듭하다 꿑 앙금처럼 누적되어 갔고, 완전한 충전은 이루어지지 않았다. 이렇게 힘들게 걷고 있는 이 길도 출발점이 있고, 언젠가 종착점이 있을 터. 나는 이 길이 끝난 뒤에 또 어떤 길 위에 있을까? 걷는 내내 그 생각을 떨칠 수가 없었다.

걷는다는 것은 단순히 트레일 주변 산과 풍경만을 음미하는 것이 아니라 내 자신을 만나는 시간이고, 저벅 저벅 걷는 침묵 속에서 내 자신에게 말을 거는 일인 것이다. 산을 걷기 전이나 걷고난 후나 어차피 세상이 바뀌는 것이 아니라 결국은 내가 바뀌는 것이니까. 더 나은 표현을 찾을 수가 없다. 먼저 다녀온 누군가 외쳤다.

"세상에서 가장 아름답고, 가장 외로우며, 가장 행복한 길을 걸었다"고.

● 존 뮤어 그는 누구인가?

존 뮤어(John Muir: 1838. 4. 21~1914. 12. 24)는 스코틀랜드 출생으로 미국 위스콘신 주로 이민 와 캘리포니아에 정착한 자연주의자, 등산가, 작가, 생태운동가, 자연보호주의자이다. 그는 일생동안 300편의 글과 10권의 저서를 출판했으며, 이 많은 편지, 수필, 그리고 책을 통해서  자연을 탐험한 이야기를 전해주었는데, 알래스카, 남미, 아시아 등 세계 여러 곳을 여행한 가운데서도 요세미티와 시에라 네바다를 자신이 본 산맥 중에서 가장 아름다운 곳이라고 찬사를 아끼지 않았다.

그는 청년기에 옐로우 스톤에서 자연에서 큰 영감을 얻었으며, 인생의 후반기에는 미국 서부의 숲을 보존하는 것에 헌신하였다. 그는 미국 의회에 자연공원 법을 청원하였으며, 이 법은 1890년 제정되어 요세미티 공원과 세콰이어 자연공원이 지정되었다.

그의 자연보호운동은 요세미티 밸리, 세콰이어 자연공원 그리고 다른 자연보호 구역을 보존하는데 중요한 역할을 했다. 미 국립공원(National Park System)의 아버지로 불리고 그가 창설한 시에라 클럽(1892. 5~1914. 시에라 클럽 회장 역임)은 미국에서 유명한 자연보호 단체가 되었다. 그의 이런 공헌을 기리기 위하여 1915년 지금의 그의 이름을 달고 있는 이 유명한 트레일 코스에서 공사가 시작되었다. 이 코스는 1884년 시어도어 솔로몬즈(Theodore Solomons)가 먼저 구상했으며, 여러 저명한 지질학자, 과학자, 탐험가, 지형학자들의 노력 덕분에 1938년 완성되었다. 이 등산로를 오늘날 존 뮤어 트레일이라고 명명하고 있다.

"산들이 부르고 있어. 나는 가야 해! (The mountains are calling and I must go!)", "산에서 보낸 하루가 몇 수레의 책보다 낫다"는 유명한 말을 남겼으며, 특히 트레일 중간 쯤에 있는 존 뮤어 패스(John Muir Pass)에 뮤어 오두막(Muir Hut, 북에서 128.3마일 남에서 82.2마일 지점)과 존 뮤어 랜치(John Muir Ranch, 북에서 106.1마일 남에서 104.4마일 지점)를 세워 오가는 트레커들이 존 뮤어를 자연스럽게 기억하고 기념하도록 하고 있다.

● 존 뮤어 트레일(John Muir Trail. JMT)의 개요

세계 3대 트레일(❶미국-존 뮤어 트레일 ❷스페인-카미노 데 산티아고 ❸캐나다-웨스트 코스트 트레일)의 하나로 알려진 존 뮤어 트레일은 전체 종주 시 매일 15~20Km 걸어 20여 일이 소요되며 북쪽의 요세미티 계곡(국립공원)의 해피 아일스(Happy Isles)에서 남쪽의 미국 본토에서 최고봉인 휘트니 산(Mt. 4,418m)까지 이어진 단 하나의 길이다.

대부분 퍼시픽 크레스트 트레일(Pacific Crest Trail, P·C·T)과 겹치는데, 휘트니 포탈(Whitney Portal)이나 코튼 우드(Cotton Wood)에서 진입구간을 포함하여 총 약 222마일(휘트니 포탈에서 약 358km, 코튼 우드에서 400Km)이 된다.

이 길은 요세미티 국립공원과 인요 국립공원(Inyo National

Forest), 킹스 캐년 국립공원(Kings Canyon National Park), 시에라 국립공원(Sierra National Forest), 세콰이어 국립공원(Sequoia National Park)등 하이 시에라(High Sierra)지역의 대표적인 국립공원을 관통하며 이어진다.

일단 요세미티 계곡을 벗어나면, 코스는 2,400m 아래로 거의 떨어지지 않으며, 전체 코스에 걸쳐 7개의 고산(高山)을 횡단하여 마지막으로 휘트니 산까지 올라간다.

해발 3,000m와 4,000m 고도에 끊어질 듯 끊어질 듯 이어진 트레일은 알프스와 히말라야를 한곳에 모아 놓았다고 표현할 정도로 아름다운 길이며, 유리알처럼 빛나는 호수와 호수사이로 연결되며, 울창한 침엽수림과 숲속으로 흐르는 개울은 인간 세상이라고는 믿기지 않는 풍경을 보여준다.

1인당 등짐(backpack) 15~20Kg 지고 하루 15~20km정도 걸으며 1일, Pass(고개)1개, Meadow(초원) 1곳 이상 지나고 Lake(호수) 2~3개 지나며, 취사 행동식으로 야영생활을 하며, 사전 보내놓은 식량 등 물품을 총 3~4회 보급 받을 수 있다.

1년 중 여름부터 눈 오기 전까지 4개월간(6~9월)만 트레킹 산행을 허용하고 있으며, 더욱이 이 길은 1년을 통틀어 전 세계적으로 수백 명만이 종주할 수 있도록 허용하고 있어 접근 자체가 대단히 어려운 곳이다.

국내에서도 존 뮤어 트레일에 대한 관심이 매우 높아지고 있다. 이미 영상으로도 소개된 바 있는 존 뮤어 트레일은 358km에 이르는 자연 그대로의 아름다움을 간직한 곳이다. 해외의 많은 백 패커(Backpacker)들도 지구상에서 가장 아름다운 길을 꼽으라면 존 뮤어 트레일을 꼽는데 주저하지 않는다. 미국뿐만 아니라 전 세계적으로 가장 아름다운 길인 것이다. 존 뮤어 트레일은 태고의 아름다움을 그대로 간직하고 있으며, 20일 정도의 장기 일정을 스스로 해결하고 가야하기 때문에 그 가치는 더욱 빛난다.

개인이나 단체로 장기간 등반 시 닥칠 여러 어려움을 해소 및 해결하기 위하여 전문 산악 훈련을 받고 현지 산악지형에 밝은 가이드의 도움을 받아 트레킹을 할 수 있는 특수 여행을 진행하는 곳도 생겨났으며, 작자(作者) 또한 운이 좋아 특수 여행사 상품을 이용하여 트레킹에 도움을 받았음을 밝힌다. 요즈음은 국내에도 다녀온 사람이 늘어나고 관심이 증대됨에 따라 여행 카페 등을 통해 모객(募客)하여 출발하기도 한다.

● P·C·T와 퍼시픽 크레스트 트레일 협회(PCTA)

멕시코와의 국경에서 시작하여 미국을 종으로 가로 질러 캐나다 국경까지 가는 4,300km로 미국 서부 산맥을 통과하여 걷는 만큼 6개월 정도 소요되는 일정이며, 주로 봄인 4월에 시작하여 9월에 끝난다.

PCT는 몇 해 전에 WILD라는 실제 이야기를 그린 영화로 세상에 많이 알려졌으며 PCT는 악명 높은 수식어를 주렁주렁 달고 있다. 더위, 갈증, 추위, 엄청난 눈, 곰, 방울뱀, 전갈 등의 위험을 안고 떠나는 극한의 길이다. 루트 중 가장 높은 곳은 캘리포니아 시에라 네바다에 속한 Forester Pass(해발 13,200피트=4,023m)를 통과한다. 최근 몇 년 전부터 한국인의 PCT 참여가 시작되었고 매 해마다 늘어나는 추세라고 한다. 트레커들의 로망인 이 길은 매 해

도전자는 많지만 완주하는 사람은 16%에 불과한 극한의 길인 것이다.

그리고 퍼시픽 크레스트 트레일 협회(Pacific Crest Trail Association)는 미국 국유림 관리국, 국립공원 관리국, 토지 관리국의 중요한 비영리 파트너로, 존 뮤어 트레일의 대부분을 차지하는 퍼시픽 크레스트 트레일을 보호, 보존, 진흥하는 임무를 띠고 있다. PCT를 지지하는 전 세계 수천 명의 지원이 없다면 PCTA의 업무는 불가능했을 것이다. www.pcta.org를 방문하여 이 코스와 그 곳에서 할 수 있는 체험에 대해 더 알아볼 수 있으며, 트레일 프로젝트의 회원 또는 자원 봉사자가 되어 활동도 가능하다.

● 산행 허가(Permit) 받기

존 뮤어 트레일 종주 퍼밋(permit)은 트레일 입장일로부터 6개월 전부터 신청을 받고 있다. 퍼밋 신청은 팩스나 우편으로 가능한데 보통은 신청서를 다운로드 받아 작성한 후 팩스로 신청한다. 퍼밋을 받으면 퍼밋 ID를 발급해 주는데 이는 퍼밋 그 자체는 아니다. 트레일 입구(Trail Head)에 있는 윌더니스 센터(Wilderness Center)를 방문해서 정식 퍼밋을 받아야 한다. 예약되어 있다면 퍼밋 ID와 몇 가지 신상 정보만 확인한 후 바로 퍼밋을 발급해 준다. 그리고 현장에서 선착순으로 퍼밋도 받을 수 있는데 사전에 퍼밋 받지 못한 경우 일정에 맞추어 신청하여 이용할 수도 있으나 인원에 제약이 있을 수 있는 점 감안할 것.

존 뮤어 트레일(JMT)로 들어가는 트레일 코스에서 야영을 하려면 허가증이 필요하며 환경을 보호하고 이용객 과밀을 방지하기 위해 쿼터제로 운영된다. 트레일 허가는 빨리 이루어지니 미리 계획할 것.

JMT 출입을 관리하는 기관은 여러 곳이 있는데, 요세미티 국립공원, 인요 국유림, 시에라 국유림, 세쿼이어 국립공원, 킹스 캐니언 국립공원 등이다. 허가증은 트레킹을 시작할 기점과 날짜에 대해서 발급 받는다. 허가증을 받기 위해서는 적절한 기관에 연락해야 할 것이다. 연속 트레킹으로 JMT에 가고자 한다면, 전체 여행에 대해 한 구역의 허가증만 필요하며 재보급을 위해 24시간 미만 동안 코스 밖으로 나갈 경우나 또는 새로운 구역으로 들어갈 때 새 허가증을 받을 필요는 없다. 트레일 코스의 남쪽 종점에 있는 휘트니 산 구역 내에서는 특수 규정이 적용된다.

해피 아일스(북쪽 종점)

요세미티 계곡의 해피 아일스에서 JMT 등반을 시작하는 사람이 대부분이지만, 투올롬 메도우의 라이엘 캐니언의 허가증을 받는 것이 조금 더 쉽기 때문에 여기서 시작하는 사람도 많다. 해피 아일스에서 출발하는 등산객들은 "리틀 요세미티 밸리" 또는 "리틀 요세미티 밸리 통과"용 허가증을 받아야 한다.

요세미티 국립공원의 하프 돔에 오르고자 하는 등산객들은 추가 허가증이 필요하다. 하프 돔 허가증은 보호구역 허가증 신청 시에 신청할 수 있으며 보호구역 허가증과 동일한 날짜 동안 유효하다.

휘트니 포털(남쪽 종점 진입)

휘트니 산 트레일을 통해 JMT로 들어가는 허가증을 받기는 어려울 수 있다. 이 허가증은 매우 수요가 많아서 추첨제를 이용해 발급된다. 추첨에 참여하려는 신청자들은 2월 1일부터 3월 15일까지 www.recreation.gov에서 온라인으로 신청하면 된다. 추첨이 완료되면, 남은 분량은 4월 1일부터 신청 가능하며 www.recreation.gov 또는 전화 (877) 444-6777로 예약할 수 있다.

휘트니 산 허가증은 395번 고속도로와 136번 주도(州道)로 교차로에 있는 론파인 남쪽 약 3km에 위치한 이스턴 시에라 관계기관 방문객 센터에서 수령해야 한다. 인솔자 또는 기재된 대체 인솔자만이 허가증을 수령 또는 사용할 수 있다. 할당되지 않은 예약 인원은 모두 진입 당일 또는 하루 전 현장 신청에 배정된다. 현장 신청은 방문객에게 직접 발급된다.

휘트니 산 트레일을 통해(트레일 크레스트에서 휘트니 포털까지) JMT를 나가는 등산객들은 출구 쿼터의 적용을 받으며, 이는 포털에 도착하는 날짜 기준으로 적용된다. 이 날짜는 빨리 마감된다. 허가증을 받을 때, 허가 유형을 "휘트니 산 출구"로 예약하라. 이 허가증으로 크랩트리 메도우에서 휘트니 산 구역으로 들어가, 정상에 오른 후, 휘트니 산 트레일로 내려와 휘트니 포털로 나올 수 있다.

허가사무소	
요세미티 국립공원	전화, 우편, 온라인으로 신청 가능 (202) 372-0740 (예약만) www.nps.gov/yose.planyourvisit/wildpermits.htm
인요 국유림	전화, 우편, 온라인으로 신청 가능 (209) 873-2483 (예약만) www.fs.usda.gov/main/inyo/passes-permits/recreation
시에라 국유림	우편만 신청 가능 (559) 297-0706 (정보안내를 원하면 "2"를 누를 것) http://www.fs.usda.gov/main/sierra/passes-permits
세쾨이어 국립공원 및 킹스 캐니언 국립공원	우편 또는 팩스로 신청 가능 (559) 565-3766 (정보안내만) (559) 565-4239 (팩스) www.nps.gov/seki/planyourvisit/wilderness_permits.htm
이스턴 시에라 관계기관 방문객 센터	U.S. 395, Lone Pine, CA 93545 (760) 876-6222 http://www.fs.usda.gov/recarea/inyo/recarea/?recid=20698

전화 예약에는 추가 인원이 필요하니, 시간 및 자원 절약을 위해 가능하면 온라인 신청 서비스를 이용할 것을 권유

캘리포니아 주 캠프파이어 허가증

　캘리포니아 주 캠프파이어 허가증은 온라인 또는 토지 관리국, 국유림 관리국 또는 캘리포니아 소방국 사무소에서 받을 수 있다. 이 허가증은 JMT의 국유림 지역 내 모든 캠프파이어, 스토프, 랜턴 사용 시 필요하다. 국립공원 내에서는 필요하지 않다. (preventwildfireca.org 참고)

3인 3색

일상의 생활에서 탈출, 76일의 세상 여행

캐나다, 미국, 브라질, 볼리비아, 페루

추현엽

1

여행은 설계하는 이 맛이지!

자유로운 영혼되기

짧지 않은 군대 생활 이후 직장생활을 하였으나 사회인으로서 봉급 생활자로서 녹록치 않은 경험을 하고 난 후 갑자기 한국을 떠나고 싶었고 자유로운 영혼이 되고 싶었다.

1월 8일 직장 상사의 돌연사로 인해 부가적으로 해야 할 일이 테트리스 게임처럼 쌓여만 갔다. 거기에다 엎친 데 덮친 격으로 현장평가단까지 들이닥쳤다. 과중한 업무에 나날이 지쳐가기만 했다.

돌연사한 안타까운 직장 상사처럼 나도 일에 치여 그렇게 가는 것은 아닐까?

왜 나는 이 과중한 업무에 치여 살아야하나?

이런 의문들이 들기 시작하며 난 모든 짐을 벗어버리고 훌훌 날아가 버리고 싶었다. 아무도 간섭하지 않고 아무런 삶의 짐도 더 이상 없는 곳으로 말이다. 그냥 철저히 자유로운 영혼이 되고 싶었다.

이때껏 나 자신만을 위해 투자한 것이 무엇이었나 생각하니 마땅히 생각나는 것이 없었다. 그냥 살기 위해 그저 그렇게 살아 온 내 자신에게 동정심이 들기 시작했다. 남들 보다 어렵게, 하나 하나 이루며 나름 성취감도 느끼고 산 것 같던데 그 성취감도 아무 소용없는 것이라는 생각이 머릿속을 스쳐지나갔다.

이제 나를 위해 오로지 나를 위해 무엇을 해야 하나?

그리고 다행스럽게도 좋은 생각을 떠 올릴 수 있었다. 바로 나만의 여행이었다.

틀에 박힌 패키지 관광은 식상한 지 오래되었다. 일체의 자유를 허용치 않은 시간의 노예가 되기 싫었다. 그렇다고 무작정 배낭여행은 50대 중반의 나이에 대단한 모험을 감행해야 할 상황이었다.

네이버에서 검색해보니 '트렉아메리카'가 눈에 들어왔다. 미국의 현지 가이드가 직접 안내를 해준다는 것이었다. '바로 이것이로구나' 진정 내가 찾고자 했던 프로그램이었다.

우리가 흔히 부르는 가이드는 투어 가이드가 아니고 투어 리더라고 불러야 하는 것을 처음 알았다. 그냥 여행을 소개하는 한정된 가이드보다 여행을 이끈다는 리더의 표현이 마음에 들었다. 거기에다 투어 리더가 재미교포라는 사실이 더 믿음직스러웠다. 여행객들은 한국인들로만 구성되었고 연령대가 30대 중반부터 60대 초반까지 널리 분포되어 30년이라는 기간이 무색할 지경이었다. 여행사 대표와 몇몇이 모여 사전 모임을 가졌다. 흥분되는 순간이었다.

미국은 평소 가보고 싶은 선망의 대상이 된 지 오래되었고 잘 못하는 영어이지만 내 자신을 테스트하고 싶었다.

미국 여행은 스트레스를 날려버리기에 충분할 것 같았다. 출발할 날짜도 5월 20일에 떠나니 안성맞춤이 따로 없었다.

이왕이면 캐나다도 이번 기회에 같이 여행했으면 했다. 트렉아메리카 컨설턴트는 가능하다고 했다. 즉 미리 캐나다 서부를 여행하고, 미국 대륙 횡단여행 시작 도시인 태평양 LA에 조인하여 대서양을 마주하는 뉴욕까지 횡단한 후, 캐나다 동부도 여행을 하는

것이 효율적이라는 것이다. 일리 있는 의견에 무릎을 탁하고 쳤다. '그래! 밴쿠버로 들어가는 거야!'

한창 여행 준비에 바쁠 즈음 아내 제안에 깜짝 놀랐다. 브라질, 볼리비아, 페루 이 세 나라를 이럴 때 가야 한다는 것이다. 다시 한국에 와서 가려고 하면 항공료만 이중으로 든다는 이유였다. 일리 있는 의견이었고 시간이 이미 확보되어 있던 터라 쾌히 승낙했다. 거기에다 내 사정을 이해해주는 아내가 몹시 고마웠다. 다행히도 트렉아메리카에 남미 대륙 횡단 여정이 있었다. 이번에는 완전히 영어에 노출되어 유럽 청년들과 섞여야 했다. 하지만 마음을 정하고 나니 더 이상 두렵지 않았다. 남미 횡단 총 기간은 24박 25일이었으며 나 홀로 여행 해야만 하는 페루 여행까지 추가되어 동쪽 끝에서 서쪽 끝까지 다시 대륙을 횡단해야했다. 내가 여행 전문가도 아닌데 너무 무리하는 것은 아닐까 심히 우려스러운 하루였다.

2

눈이 부시도록
아름다운 도시 밴쿠버!

- 호스텔 : 세임선 백패커스 밴쿠버, 2성급, 아침식사 제공, 밴쿠버 다운타운 내 위치해 있으며 캐나다 플레이스까지 걸어서 30분 정도 소요, 1일 숙박비는 39,540원이었으나 매일 가격이 달라짐. 48,000원까지 오르는 경우도 있었음.

에어 캐나다에 몸을 싣고
드디어 여행의 장도에 올랐다.

미국 1,000달러, 캐나다 1,000 캐나다 달러를 현지 화폐로 교환하고 캐나다 밴쿠버 공항을 향해 출발했다.

나의 기분은 '마당을 나온 암탉'이라는 동화에 나오는 생애 최초로 양계장을 벗어난 자유로운 닭처럼 들떠있었다. 이제껏 내 몸과 마음속에 묵혀 있던 모든 찌꺼기들을 버려버릴 것이다. 그리고 새로운 희망과 용기를 가득 채워 올 것이다. 그래서 채운 에너지로 남은 인생을 힘차게 다시 출발해 보리라.

한국에 있을 때 부킹 닷컴을 통해 캐나다 밴쿠버 유스호스텔을 잡고 본격적인 캐나다 서부 탐색전에 돌입했다.

밴쿠버는 1792년 태평양 연안을 탐험한 탐험가인 조지 밴쿠버 선장의 이름을 따온 캐나다 제 3대 도시로 캐나다 서부의 최대 도시이다.

밴쿠버 당일 관광은 현지 여행 프로그램을 참여했다. 가격은 50달러였고 봉고차에 탑승해서 게스 타운, 캐나다 플레이스, 스탠리 공원, 그랜빌 아일랜드 등지를 돌아보는 것이었다.

특히 스탠리 공원은 400헥타르의 광대한 넓이의 원시림을 자랑하는데 북아메리카에서 대표적인 대공원으로 거목이 많고 수족관, 동물원을 갖추고 있었다.

게스 타운은 벤쿠버 도시의 서쪽에 있는 밴쿠버 섬에 위치한 아름다운 거리로 고풍스러운 건물과 현대적 건물이 어깨를 나란히 하며 알록달록한 그림들이 우리 4명(한국인 관광객 중년부부와 나, 그리고 투어 가이드 겸 기사)을 반겼다.

15분마다 증기의 힘으로 하얀 증기를 내뿜는 증기 시계가 무척 인상 깊었다. 영국 여왕이 기증한 시계라는데 세계 최초의 증기 시계라고 했다.

그랜빌 아일랜드는 볼거리, 놀거리, 먹거리가 모인 곳으로 각양각색의 과일과 농산물이 유명했다. 전통 마켓(Public Market)에서 간단한 식사를 하며 거리의 쇼를 보고 있자니 그제야 캐나다에 온 것을 실감했다.

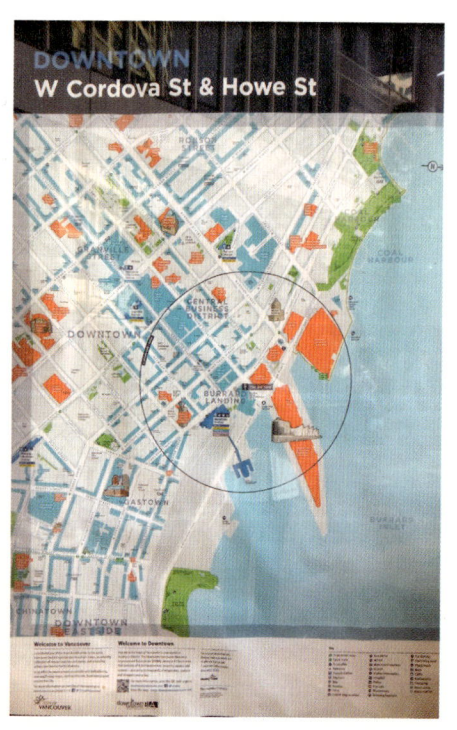

2일 차에는 빅토리아를 둘러보기로 했다. 미팅 장소는 캐나다 플레이스였다. 플레이스는 1986년에 개최된 엑스포를 기념하기위해 지어진 밴쿠버의 상징적 건물인데 5개의 흰 돛단배가 바다위에 정박한 모습을 하고 있으며 내부에는 아이맥스 영화관 세계 무역센터 레스토랑, 무

역 컨벤션 센터 등이 위치해 있었다.

  아침 7시 15분에 웰컴 센터에서 시작됐다. 무엇보다 캐나다 플레이스의 4D입체 영화를 추천하고 싶다. 헬기를 직접 타고 있는 착각에 빠져들었다. 의자가 움직이며 드라이아이스 및 부슬비도 뿌려주었다. 물론 이 영화 비용은 자비로 내야하며 오케이 투어의 일정이 없는 날 혹은 일찍 끝마친 투어 시간에 캐나다 자연을 만끽할 수 있는 절호의 찬스였다.

  빅토리아 1일 관광은 1인당 100달러이며 부차드 가든이 핵심이다. 부

부차드 가든

　차드 가든은 빅토리아에서 북쪽으로 21Km떨어진 곳에 있는 정원으로 본래는 시멘트 공장의 석회암 채굴장이었던 이곳을 소유주인 부차드 부부가 1900년 초에 전 세계의 꽃과 나무를 모아서 테마별 정원으로 개조하여 오늘날 빅토리아뿐만 아니라 세계적으로 이름난 아름다운 정원을 만들어 놓았다. 총 넓이가 약 22만m^{2}에 달하는 부차드 가든은 연중무휴로 개방되고 있다.

3

캐나다 로키 마운틴
거침없이 즐기기

록키 마운틴 3박 4일 1일차이다.

현지투어의 핵심은 록키 마운틴이다.

밴프 호텔에서 자는 것은 4인실 혹은 6인실 유스호스텔에서 자는 것과는 비교가 안 된다. 한국의 대학생을 룸메이트로 만나니 내 아들을 만난 듯 기뻤다. 500회 넘게 록키 마운틴을 이끈 투어 가이드의 관록이 묻어났다. 쉴 새 없는 웃음은 여행의 피로를 날려 보내는 기폭제였다.

밴쿠버에서 밴프로 가는 여정이며 총 연장 2,127km이고 시간은 23시간 36분의 거리이다. 희망의 도시이자 Gold Rush 거점도시였던 밴프에 있는 호프에서 중식하고, 레벨스톡에 도착하여 석식을 해결하고 호텔에 투숙했다.

밴프 국립공원 및 보우호스, 특히 해발 3,464m 빅토리아 산의 거대한 빙하를 함께 느껴보는 레이크 루이스(Lake Louise)는 이곳을 전격 방문한 영국 빅토리아 여왕의 4번째 공주의 이름을 딴 것이다. 그 전에는 에메랄드 레이크라고 불렸다고 했다.

벤프는 도시 전체가 국립공원으로 로키 산맥의 빙하를 직접 볼 수 있어 너무나 좋았다. 오랜 시간 동안 쌓이고 쌓인 서울 면적의 절반이나 되는 거대한 얼음 덩어리를 보며 우리 인간들은 얼마나

작은 존재인지를 새삼 느낄 수 있었다. 거대하고 신비한 장엄한 빙하와 그 빙하가 녹아 호수를 이룬 레이크 루이스 호수는 너무나도 아름다워 입을 다물 수가 없었다. 내 생애 이렇게 맑은 호수는 생전 처음이라 내 눈에서 눈물이 다 날 지경이었다. 그 만큼 내 가슴이 벅차올랐다. 과연 세계 10대 절경에 선택될 만한 경관 이었다. 일본의 유명한 음악가 유키구라모토가 지은 레이크 루이스라는 음악이 흘러나왔는데 얼마나 이 호수의 아름다움에 빠졌는지 공감이 갔다.

　5월 24일, 캐나나 스키스 계곡에 위치한 델타 캐나다 스키스 랏지 리조트에서의 1박은 대자연의 숨결을 느끼기에 충분했다. 웅장한 빙벽에 길쭉길쭉 솟아오른 전나무를 보고 있자니 주로 소나무로 이루어진 한국의 산과 많은 차이가 있었다.

눈 내리는 겨울에 오면 어마어마한 장관이 펼쳐지고 수많은 스키어들이 몰려든다는데 그 풍경을 보지 못해 못내 아쉽기만 했다.

록키 마운틴 3일차 5월 25일, 요호 국립공원, 에메랄드 호수, 자연의 다리까지는 좋았으나 밴프 설퍼 산 곤돌라를 타러 가는 중 폭설을 만났다. 시시각각 변하는 기상이어서 계속 버스로 달리면서 눈이 그치기를 바랐지만, 설상가상 곤돌라가 폭설로 운행을 중단했다는 소식을 가다가 접하고 다시 리턴하기로 결정했다. 록키 마운틴의 최고의 조망을 기대했던 곤돌라 여행이 중지되어 아쉬움이 컸지만 눈옷을 입은 전나무가 실로 장관을 이뤄 아쉬움을 달래주었다. 저 장관을 곤돌라 위에서 내려다보면 정말 끝내 줄 텐데.

요호 국립공원은 1886년에 지정된 곳으로 밴프 국립공원의 서쪽에 위치하고 있는데 요호는 인디언 언어로 훌륭한, 굉장한 이란 뜻을 가졌다고 하며 테코코 폭포와 요호 호수, 에메랄드 호수가 유

명한 곳이다. 주변에 3,000m가 넘는 산으로 둘러싸여 있어 세계적인 등반가들이 끊임없이 다녀가고 캠핑카 여행이 아주 성행한다고 한다. 레이크 루이스와는 규모면에서 차이가 있기는 하지만 빽빽한 침엽수림을 배경으로 하는 설경이 압권이다. 거기에다 이름에 전혀 손색이 없는 아름다운 빛깔의 호수가 하얀 눈과 조화를 이뤄내 내 눈을 호강시키고 있었다.

  석회암으로 이루어진 이곳 암석이 강물에 녹아 자연스럽게 여 만들어진 자연의 다리 또한 시원하게 흘러내리는 강물과 함께 내 맘을 움직였다. 정말 묶은 때가 시원하게 씻어지면 건강해지는 기분이 드는 것이 이래서 자연에 묻힌 사람들이 건강한가 보다.

  5월 26일, 록키 마운틴 4일차이다. 당초 캘거리로 가는 일정이

었으나 전날 내린 폭설 탓에 일정을 수정하고 다시 밴쿠버로 돌아오는 길을 택했다. 오는 중에 캐나다 원주민이 차가버섯으로 만든 영양제를 구입했다. 캐나다 알버타 주가 허가하는 연구소에서 직접 제조한다고 했다. 그곳에서 우연히 한국 사람들을 만났다. 외국에서 한국 사람들을 만나니 마치 고향 사람을 오랜 간만에 만나는 기분이 들었다. 그들도 차가버섯으로 만든 영양제를 구매했다. 역시 한국 사람들은 약초에 관심이 끌리는가 보다. 오는 중에 도로 옆으로 펼쳐진 이름 모를 강을 바라보았다. 수정처럼 맑은 강물을 보니 흐린 한강물이 떠오르며 갑자기 부끄러워졌다. 우리도 저 강물처럼 한강의 환경을 복원하고 잘 지켜내야 할 텐데 하는 생각이 들었다. 밴쿠버 다운타운에 오니 저녁 7시가 넘었다.

　당초 시애틀을 1박 2일로 일정을 잡았으나 모객이 되지 않아 부

득이하게 당일 코스로 전환하게 되었다. 밴쿠버 당일 관광과 마찬가지로 50달러였다. 미국 국경을 넘자마자 사단이 벌어졌다.

왜 장기간 여행을 가느냐? 결혼은 했느냐? 결혼 했으면 아내는 왜 안 데리고 가느냐? 장기간 가는 사람이 캐리어는 왜 없느냐? 중국계 미국인 검색 요원인데 처음에는 영어로 물어보다가 나보고 코리아냐고 하기에 맞다고 했더니 대뜸 한국어로 물어보는 것이었다. 직장은 그만뒀고 집사람은 같이 올 상황이 못 되어서 같이 안 데리고 왔다고 했으며 어떻게 하다 보니 76일간의 여행이 되었다고 장황하게 설명했다.(직업 군인 이야기를 못한 것이 못내 아쉬웠다) 여행사를 통해서 항공권과 호텔 숙박 현황을 보여주고 나자 고개를 끄덕였다. 항상 휴대하고 다니는 것이 이래서 필요하구나 하고 생각되었다. 캐리어는 당연히 밴쿠버 유스호스텔에 있고 오늘은 시애틀 당일 여행이구 바로 캐나다로 다시 돌아간다고 얘기해

주었다.

　시애틀에 있는 스타벅스 1호점이 유명해서 직접 아메리카노 한 잔을 사서 먹었다. 줄이 엄청 길게 늘어져 있어 유명세를 타고 있었다. 스페이스 니들 타워의 웅장한 자태를 만끽했으며 파이크 플레이스 마켓에서 점심식사를 했다. 사람이 많아 앉아서 먹을 수는 없었다. 햄버거 한 개를 사서 벤치에서 먹자니 걸인이 뒤에서 가만히 등을 두드리는 것이었다. 얼굴이 온화한 중년의 흑인 아저씨였다. 같이 먹을 수 없느냐 해서 이것 한 개 밖에 없다고 얘기했더니 그래도 내 것을 나눠달라는 것이었다. 그래서 입을 대지 않은 뒤쪽 부위 절반을 쪼개 주었다. 매우 감사하다는 듯이 고개를 숙이고 잘

드셨다. 전 세계에서 가장 부유한 나라인 미국에도 저런 걸인들이 존재하는구나 싶었다.

　프리미엄 아울렛에서 미국의 신발, 옷 등을 둘러보고 다시 밴쿠버로 가는 승합차에 몸을 실었다.(당시 차에는 한국 여자 3명과 나, 중년의 흑인 여자, 투어 가이드 겸 기사 등 총 6명이 탔는데 흑인 여자는 처음 프리미엄 아울렛만 본다고 아울렛에 내려주고 다시 올 때 픽업했다.)

　밴쿠버를 아쉬워하며 그랜빌 아일랜드에서 마지막 밤을 보내기로 했다. 현지 투어에서 알게 된 한국인 여대생 두 명을 만나면서 여행의 동행자가 생겼다. 그랜빌 아일랜드를 자전거로 돌아보니 색다른 감각이 있었다. 저녁까지는 같이 못하고 아쉽게 헤어졌지만 내 자신이 젊어진 것 같은 느낌이 들었다. 아들만 키우다보니

딸이 없는 것이 아쉬웠나 보다. 내일 LA 공항에서 트렉아메리카 투어 리더와 합류해 미국대륙 남부횡단을 시작할 생각에 가슴이 뛰었다.

5월 31일부터 대륙횡단은 시작 되지만 LA 라스베가스를 여행하기 전에 유명한 유니버셜 스튜디오를 먼저 보기 위해 이곳으로 왔다. 아직 캐나다 서부에서 볼 것이 많은데 이렇게 떠나기가 못내 아쉬웠다.

나의 첫 아메리카 대륙여행 시작을 장식한 캐나다 여행은 지치고 불안한 내 마음의 모든 찌꺼기들을 없애 주었다.

격무에 시달리다 비명에 간 상사의 죽음과 나 자신의 미래에 대한 불안감, 그리고 밀려드는 과중한 업무에 의한 스트레스를 모두 아름답고 거대한 자연 속으로 날려 보냈다.

거대한 산맥을 형성하며 우뚝 솟은 눈 덮인 봉우리들과 그 사이로 흐르는 깨끗한 계곡들, 거기에다 신선하고 맑은 공기가 내 신체

    와 마음 속 구석구석에 박혀 있던 찌꺼기들을 캐내고 그 자리를 대신 해 주었다. 몸과 마음 속 깊이 시원함을 주었고 시시각각으로 변하는 자연의 무서운 변화로 인해 차질을 빚은 여행 일정에 대한 약간의 스트레스와 두려움은 동행자(특히 한국인)들과의 만남으로 해소 되었다.

    도심 속에서 찌들고 오염된 탁한 공기와 업무의 압박감이 주는 무거운 기운을 넓디넓은 이 대자연에 버리고 나니 그 상쾌함은 말로는 설명할 수가 없었다. 진짜 제대로 된 다이어트를 통해 가벼워진 내 몸무게를 만끽하는 기분이 이 기분일까?

    하지만 못난 남편 덕에 한국에서 일상을 지켜내는 임무(?)를 도맡은 아내에 대한 미안함과 안타까움 그리고 고마움이 이번 여행 내내 내 가슴을 조금(?)은 무겁게 했다.

4

미국 서부에서
미국 횡단 여행 출발!
- 라스베가스

LA 공항에 도착했다

　　　　　　　　대륙횡단여행 전 함께 LA를 여행할 인원은 총 4명인데 1명이 행방불명 상태인 것이다.

　출입구가 여러 곳이다 보니 투어 리더는 서로 길이 엇갈린 것이라 생각하고 혹시나 해서 출구 여러 곳을 계속 왔다 갔다 하고 있었고 도무지 보이지 않자 휴대폰을 잡고 계속 통화를 시도 했다. 분명히 비행기에서 내렸는데 통화가 안 되니 답답함은 이루 말할 수가 없었다. 나중에야 알게 되었지만 A씨는 로밍하는 칩을 찾지 못해 통화가 안 되었다고 했다. 좌우지간 공항에서 5시간을 무료하게 보내던 중 기존에 도착한 3명이라도 짐을 옮기자며 합의를 보고 호텔에 짐을 풀려고 객실에 들어서는 순간 깜짝 놀랐다. 그렇게 찾았던 A씨가 그 방에 계실 줄이야! A씨는 혼자 생각에 리더와 연락도 안 되고 해서 호텔로 직접 왔다는 것이었다. 그나마 다행한 일이었다. 어쨌든 유니버셜 스튜디오에서의 재미있는 관람은 일행 4명으로 시작할 수 있게 되었다.

　하지만 여기서도 또 다른 사건이 발생했다. 헤리 포터의 마법의 세계에 4명 모두 같이 입장하면서 개인 짐을 락커에 보관하였는데 이것이 사건의 시발점 이었다. B씨의 짐은 유독 많아 2개의 락커를 사용 했는데 짐이 너무 많다보니 짐을 우격다짐으로 넣으면서

문이 제대로 채워지지 않은 것이다. 기다리는 사람들의 뒷줄이 많아 대충 문을 닫고 들어가서 관람하고 나왔는데 분명히 그 라커의 2개의 짐이 모두 없어져 버렸다. 그 당시의 직원은 바뀌어져 있었고 내용을 아는 사람은 없었다. 그 주변을 모두 열어보았으나 짐을 찾을 수 없었다. B씨의 얼굴은 사색이 되어 안절부절 못했다. 중년여인 C씨는 경찰을 호출해 따졌고 일단 B씨가 CCTV를 보러 검색팀을 가면서 자기가 알아서 조치하겠다고 해서 일단락되었다. 그러면서 우리 3명은 아무 일 없었다는 듯이 관람을 했지만 신경이 쓰여 카톡을 예의주시 했다. 다행히도 찾았다는 반가운 소식을 접하고 우리는 안도의 한숨을 쉬었다.

저녁은 LA에서 유명한 한인 타운의 고기 뷔페식당에서 고기를 오랜만에 실컷 먹으면서 회포를 풀었다.

5월 31일. 드디어 태평양에서 대서양까지 21일간 대장정이 시작되었다. 라스베가스의 화려한 네온사인, 겜블링, 감동적인 벨라지오 분수 쇼가 눈을 휘둥그레하게 만들어 놓았다. 나의 첫 대장정을 위해 펼쳐지는 쇼 같아서 더욱 기분이 업 되었다. 한마디로 넋을 놓고 바라본다는 표현이 이때 할 수 있는 가장 적절한 표현일 것이다.

미국 네바다 주의 사막에 위치한 도박과 관광의 도시인 라스베가스는 여러 가지 유명한 쇼와 유흥뿐 아니라 주변에 그랜드 캐년 국립공원이 있어 웅장한 자연 경관을 자랑하는 도시이다.

우리 일행 15명의 연령대 구성은 30대에서 60대에 이르기까지 30년을 넘나들었다. 라스베가스에서 저녁을 먹으면서 묘한 긴장

 감이 돌았다. 총무는 내가 지명 되었고 보조로 D씨가 도와주기로 했다. 캠핑에서의 저녁 식사당번은 세 쌍의 부부가 각 조를 담당하고 3명씩 제비뽑기로 각 조를 지원해주기로 했다.(불행하게도 내가 속한 조는 3조였는데 4명밖에 없었다.) 50달러씩 일단 갹출하기로 했다. 총무인 내가 공금 봉투를 만들고 관리했다.

 여전히 우리는 라스베가스 주변을 맴돌고 있다. 이번에는 프리미엄 아울렛 쇼핑을 즐겼다. 마땅히 살 것은 없었지만 상품이 어떤지 궁금하던 차였다. 1센트 단위로 움직이는 슬롯머신도 신기했다. 몇 번 버튼을 누르자 빵빠레가 울리면서 24달러를 획득했다고 알려주었다. 갑자기 횡재를 한 것이다. 야간의 음악 쇼는 대부분 무료였다. 군데군데 마술 쇼나 그림을 그리는 화가가 등장하기도 했다. 이번에는 룸메이트가 F였다. 같이 돌아다니면서 음악에 취

했다. 밤에 보는 쇼는 한정적이었고 일정거리를 벗어나자 흑인 몇몇이 술이 취한 채 비틀거리면서 구걸을 하고 있었다. 너무나 대조적인 모습 이었다.

트렉아메리카란? 관광 아닌 여행…

편하게 숙소까지 이동하고, 야간여행은 밴 타고 안전하게 하며, 대자연에서 힐링하며 편안한 숙박을 하거나 푹신한 침대, 잘 때도 문화를 체험해요.

가족처럼 편하게 먹는 즐거운 추억과 맛집 체험…

투어 리더는 여행자 안전과 행복한 여행을 위해 노력하며, 혼자 여행할 수도, 외국인 친구와 여행할 수도 있고, 유니크한 문화 레포츠 체험으로 평생 잊지 못할 밑거름, 행복감, 가성비를 드리는 여행이에요.

행복 충전 100%, 오픈 마인드 100%, FUN 100%, 힐링 100%

우리는 '여행이 더 행복한 삶을 만든다'고 믿습니다.

우리는 '여행자가 스스로를 더 행복하게 할 여행을 선택할 것'이라고 믿습니다.

그런 행복을 'TrekAmerica는 드릴 것'이라고 확신합니다.

트렉아메리카는 70여 국가, 18 ~ 39세 여행자 13명이 안전 여행 관리자 미국인 투어 리더와 14~15인승 밴을 타고 함께 이동하고 숙박하는 다양한 테마를 담은 세미 패키지 자유여행입니다. 그리고 16~69세 참여여행과 6~16세 아이 동반 가족여행도 있습니다.

게다가 대형 밴(높이 218cm) 안에서 친구와 대화하고 게임하며 글로벌 교류 + 영어연수 효과까지 있는 프로그램입니다. 캠프 테이블에 모여 앉아 친구 나라 문화도 체험하고, 쏟아지는 밤 별 아래 술 한 잔 하다보면, 평생 잊지 못할 친구를 사귑니다. 바로 이런 경험이 여행의 참 맛, 진짜 해외여행 아닐까요?

5

대자연 속에서
인디언들의 눈물을 만나다

자이언 캐넌에서 즐거운 워킹

6월 2일 신들의 정원이라 불리는 자이언 캐넌에서 즐거운 워킹이 시작되었다.

드디어 도시를 벗어난 본격적인 대자연 탐방 일정이 시작된 것이다. 몸은 고단하겠지만 어마어마한 규모의 대자연을 느낄 수 있는 좋은 기회였다.

자이언 캐넌은 형형색색의 모래 바위와 붉은 빛깔의 웅장한 바위, 그리고 푸른 수풀이 어우어진 곳으로 꼭 서부 영화의 배경을 한꺼번에 보는 느낌이 드는 곳이었다.

일생에 단 한번 은밀히 자신을 만나야 한다면 이곳에 사는 신들의 초청을 받아 이곳에 온 것처럼 가는 어떤 공간이나 거룩했다. 타워에서 내려다보면 백 만년 세월이 지나는 동안 쉬지 않고 흐르는 버진 강이 나를 무아지경으로 몰아넣었다. 끊임없이 이어진 사암과 혈암, 석회암 등에 풀 한 포기 없는 웅장한 암벽은 대자연의 위대함에 숨소리조차 엄숙했다.

동쪽 산 정상의 붉은 신비는 마치 신이 천지창조를 한 첫 번째 장면을 보는 것 같이 느껴졌고 앤젤스 랜딩 정상에 서면 주변에 천사들이 찾아오는 느낌이 들었다.

얼음 2봉지를 4달러에 구입했다. 캠핑에서 제일 즐거운 것은 먹

는 것이다. 다행히 마트에서는 김치를 비롯해서 식자재가 풍부했다. 남녀 비율이 반반이라서 요리에 따른 불편함은 없었다. 단지 얼음은 김치가 빨리 시는 것을 방지하는데 절대적으로 필요한 것이라서 시간이 날 때마다 보충을 해주지 않으면 안 되었다.

6월 3일 전날의 감동을 간직한 채 레이크 포웰 호수 위 많은 수상가옥을 만났다. 주로 목재로 만든 배가 그들의 집이었다. 시원한 호수에서 더위를 식혔다. 더운 이 계절에는 딱 제격인 곳이었다. 하지만 추운 겨울에는 어떻게 살까? 싶어 살짝 걱정이 되기도 했다. 겨울에 설마 이곳에서 살까? 목재로 만든 집이라 화재에 취약할 텐데 별 걱정이 다 들었다.

죽기 전에 꼭 가야할 1001가지 여행지 중 한 곳이라는 이 호수는 수정처럼 맑은 터키석 빛 수면에 우뚝 솟은 협곡의 짙은 붉은

색 벽이 찰랑찰랑 비치는 정말 아름다운 곳이다. 수영 금지 표지판이 붙어있지 않았다면 금방이라도 그 아름다운 물속에 뛰어들고 싶었다. 중간 중간 보는 이의 입에서 탄성이 나올 만한 아치와 첨탑, 사암 언덕은 그야말로 장관이었다. 이 호수는 유타 주 남부와 애리조나 주 북부에 걸쳐 있으며 길이는 300km, 둘레는 무려 3,220km나 되는 아주 큰 호수이다. 집을 대신하는 하우스 보트를 타고 호수 구석구석을 여행하다 보면 숨이 막힐 듯한 지질 구조물에 압도 되어 버린다. 일정보다 조금 늦은 7월에서 8월에는 수상 레저 스포츠도 즐길 수 있다는 말에 조금은 아쉬웠다. 내가 온 6월은 낚시꾼들이 때늦은 시즌의 망중한에 빠지는 계절이라고 했다. 자연 환경 훼손을 이유로 심각한 대립을 보였던 글렌 캐년 댐의 완공으로 생긴 이 호수가 나에게 엄청난 아름다움을 경험하게 하는 사실에 약간의 아이러니를 느끼지 않을 수 없었다.

6월 4일 드디어 그랜드 캐년에 도착했다. 힐링 캠프 숙박이 이루어졌다. 일출과 일몰의 감상은 잊지 못할 추억으로 다가왔다. 과연 유네스코가 지정한 세계 자연유산이라 할만 했다. 유네스코 지정 세계 유산은 문화유산과 자연유산으로 나뉘는데 문화유산 중 대표적인 것은 호주의 오페라 하우스나 우리나라의 서울에 있는 창덕궁이 있으며 대표적 자연 유산으로는 바로 이곳과 케냐 국립공원, 제주 용암 동굴 등이 이에 속한다. 영화나 TV 영상, 사진으로 보던 것이 실제 내 눈앞에 펼쳐지고 있으니 내가 꿈을 꾸고 있지 않나 내 볼을 꼬집어보았다. 아팠다. 나는 대자연의 품안으로 나를 던지고 있었다. 아니 빨려 들고 있었다.

그랜드 캐년 2일차이다. 트레킹 시간이다. 엄청난 자연의 위력 앞에 인간은 한낱 먼지로만 여겨졌다. 그랜드 캐년은 계속 진행되는 지구의 지질학적 장관을 연출하는 곳이다. 그 광대함은 충격적일 뿐만 아니라 지구 역사의 증거로도 그 가치를 헤아릴 수조차 없을 것이라고 한다. 1.5km 깊이로 깊게 팬 협곡지대는 너비가 500m에서 30km에 달하고 445km를 구불구불 돌아가는 협곡은 융기된 지각 위에서 600년 동안이나 지질학적 활동과 콜로라도강에 의한 침식을 당했다. 그 기간 동안 강은 수많은 협곡과 고원, 평원, 사막, 산림, 분화구, 용암류, 분석구, 개울 폭포 등을 만들어 내어 우리의 눈을 즐겁게 하고 있다. 너무 압도적인 풍광이라 피로를 전혀 느끼지 못했다. 단지 햇살이 따갑게 느껴질 따름이다.

  헬기로 느끼는 그랜드 캐년의 웅장함은 트렉아메리카에서 소개한 헬기 투어를 타본 사람만이 느낄 수 있었다. 엄청난 자연의 위대함에 할 말을 잃었다.

  6월 6일 아메리카 나바호 원주민 전설이 서린 성스러운 땅 모뉴멘트 벨리에 도착했다. 나바호 원주민 아저씨가 운전하는 지프를 타고 설명을 들으며 난 수 천 년 전의 그들이 되었다. 나바호족은 미국 원주민 부족 중 9만 명이나 되는 인구를 가진 가장 큰 규모의 부족으로 부족민 중 60%가 애리조나 주 아파치 카운티에 살고 있었다. 이들은 전통적으로 생선을 먹지 않는다고 하는데 바다와 민물의 모든 물고기들은 물을 다스리는 괴물의 자식이거나 수하들이라고 생각해 먹지 않았다고 했다. 지금은 외부 세계와 개방되어 이 풍습은 없어졌지만 아직도 모계 중심 사회의 풍습은 남아 있어 아직도 처갓집 근처에 모여 산다고 한다. 미국 원주민의 숨결과 형용할 수 없는 장엄하고 생생한 대자연은 나를 힐링 시켰다. 인디언 전통 가옥 호건에서 사막 노을과 사막의 밤을 체험했다. 호건은 원래 나바호족이 겨울을 지내기 위해 가옥 중앙에 화덕을 설치하고 아궁이와 화덕을 놓은 집이었으나 지금은 관광객들의 체험 장소로 사용 되고 있다고 했다. 난 사막에서 대지의 소리와 신의 계시를 느꼈다. 비록 지금은 세계 최고의 문명국가인 미국의 보호 하에 관광업으로 살고는 있지만 이기적인 유럽 종족의 침략에 얼마나 많은 고통을 감내 했을까? 아마 그들이 그 고통을 감내할 수 있었던 가장 큰 이유는 지금 내가 서 있는 위대한 자연이 아니었을까 생각해 보았다. 나 같아도 아무리 심한 박해라 할지라도 이 아름다운 곳을 버릴 수는 없었을 것 같았다.

6

미국의 젖줄 미시시피
흑인 노예들의 고향

6월 7일 08:30분, 포 코너(4 corner)를 향해 출발했다.

    오후 5시까지만 입장객을 받는 관계로 아침 일찍 출발한 것이다.

    포 코너는 유타, 콜라라도, 뉴멕시코, 아리조나 4개 주가 만나는 곳일 뿐 별 볼 것은 없었지만 포 코너를 오는 도중 만난 포 코너 호수와 고속도로에서 바라본 멕시칸 모자바위를 본 것만도 나의 눈을 호강시키기에 충분했다.

    멕시코풍 아르데코, 황량한 사막의 텍사스 아마릴로를 느꼈다. 텍사스 특유의 소머리 장식의 레스토랑이 인상적이다. 1시간 안에 72온스의 스테이크를 먹으면 공짜라고 했다.

    일단 레스토랑에 오면 볼거리를 제공했다. 가수들이 노래하고 악기를 연주하는 사람이 혼연일체가 되어 앙상블이 되었다. 서빙하는 아가씨들의 복장도 복고풍이었다. 카우보이 모자를 쓰고 다녔다. 사진의 모델이 되어 줄 수 있느냐는 제의에 흔쾌히 동참해 주었다. 사진으로 나마 위안을 받을 수 있다면 그래서 여행의 활력소를 찾는다면 앞으로도 계속 이러한 일들이 이어지기를 소망해 보았다.

    6월 9일 미국 국회 의사당보다 큰 텍사스 주 의사당, 텍사스 주

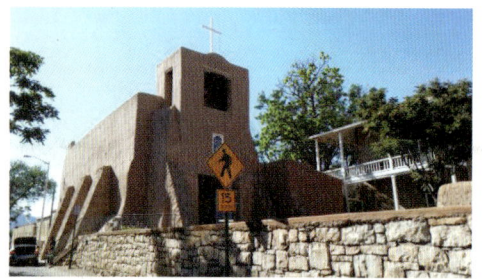

지사 역대 인물 중 조지 부시 대통령 모습이 보였다. 텍사스 다리에서 200만 마리 박쥐를 구경했다. 이 박쥐들은 매년 3월이면 겨울을 나던 멕시코를 떠나 좀 더 시원한 기후에서 살기 위해 북쪽인 텍사스를 찾는다고 한다. 그들은 텍사스 인근의 Bracken 큰 동굴에 대규모로 서식하며 저녁이 되면 도시의 곤충들을 사냥하기 위해 도시 하늘을 뒤덮는다. 박쥐를 개인적으로 좋아하지는 않지만 많은 수의 박쥐 떼를 보는 것이 처음이라 대단히 흥미로웠다. 어떨 때는 2천여만 마리가 텍사스 하늘을 새카맣게 덮어 하늘을 볼 수 없을 정도라 하니 정말 대단했다. 내가 본 것이 10분의 1 정도의 광경이라니!

6월 10일 텍사스 2일차 텍사스 대학을 방문했다. 대학이 마을의 대부분을 차지하는 이 대학은 미국 내에서 가장 면적이 넓은 대학

이란다. 1883년에 설립된 역사가 깊은 대학으로 4명의 노벨상 수상자를 배출하고 9개의 캠퍼스에 19만 명의 학생 수를 자랑한다. 도시 주민들은 자료를 손쉽게 이용할 수 있고 대학 내 대부분 시설들도 시민들이 사용을 쉽게 할 수 있다고 한다. 우리나라의 대학처럼 담장을 찾아 볼 수 없었다. 몸과 마음의 휴식처가 따로 없었다. 오랜만에 소파에 앉아 휴식을 취해보았다. 우리나라 대학들도 도시민들이 자유롭게 이용할 수 있도록 개방 했으면 좋을 것 같았다.

6월 11일 뉴올리언즈를 가기 전에 라파에테에서 하룻밤을 보냈다. 저녁 레스토랑에서 투어 리더는 자비로 와인 5병을 우리 모두에게 제공했다. 잠시 소원해진 여행에 활력소라면 활력소였다. 손목시계의 필요성이 있어서 월마트에서 9달러를 주고 샀다. 물론 중국산이다. 밴을 타기 전에 과도한 물을 먹으면 숙면에 방해가 된

다는 것도 이 여행을 통해 알게 된 작은 팁이었다.

    6월 12일 드디어 미시시피 강이 보였다. 미시시피 강은 인디언 원주민 말로 위대한 강이라고 하는데 미국의 본토 50개 주 중 무려 31개 주를 거치며(지류 포함) 흐르는 북 아메리카 대륙에서 가장 긴 강이며 세계에서는 나일 강, 아마존 강, 양쯔 강에 이어 네 번째로 긴 강이다. 길이가 자그마치 6,210km에 달하고 유역 면적은 324만 km²에 다다라 아마존 강, 콩고 강에 이어 세 번째로 유역 면적이 넓은 강이다. 특히나 우리가 잘 아는 허클베리 핀과 톰 소여의 고향 미시시피 강이 아니던가? 강의 압도적인 길이나 유역 면적만으로도 나의 시선을 끌기 충분했지만 트렉아메리카와 허클베리 핀으로 인해 더 친숙한 이미지로 다가왔다.

    스왐프 투어에 25달러를 지불했다. 출입구에 있는 귀여운 너구

리가 우리를 반겼다. 사육사가 먹이를 주자 두 손으로 공손히(?) 먹이를 받아 먹는 모습이 우리를 즐겁게 했다. 진짜 악어를 만났다. 크기는 그리 위협적이지 못했지만, 아니 큰 놈도 있었다. 등줄기에서 식은 땀이 흘렀다. 멧돼지가 있는 곳에서는 역겨운 냄새가 풍겼다. 멧돼지가 악어의 먹이인가? 장난치듯이 무시무시한 악어에게 먹이를 주며 악어를 쓰다듬는 사육사에게 경외감마저 들 때쯤 또 하나의 귀여운 녀석들을 만났다. 어린 악어 새끼였다. 무슨 동물이듯 새끼 때에는 귀엽다드니 요 녀석들을 보고 있자니 애완동물로 키우고 싶다는 생각까지 들었다.

〈스마일 & 오픈 마인드〉 2가지면, 누구나 쉽게 글로벌 친구가 됩니다.

　　미국/영국/호주/캐나다/뉴질랜드 등 다양한 영어 체험은 '진짜 영어 실력'을 줍니다.

　　특히 유익하고 특별한 도시와 자연을 포함한 여정 +문화체험 기회 +즐거운 분위기 = 행복한 여행을 보장'해요.

　　47년 전통 1972 트렉아메리카는 16년 전통 허클베리핀 〈전문 컨설팅〉으로 완성됩니다.

　　☞ 허클베리핀은 창업 후, 〈트렉아메리카〉 아시아 & 한국대표를 맡고 있습니다.

7

미국의 예술을 만나다

루이 암스트롱의 고향 뉴올리언즈

6월 13일 루이 암스트롱의 고향 뉴올리언즈에서 버번 스트리트 원조 재즈를 만났다.

재즈는 흑인들이 오랜 억압과 노역을 견디며 생긴 음악으로 고달픈 삶을 담은 노동가와 백인들의 종교인 기독교 교회 음악에 섞어 자신들만의 운율인 흑인 영가로 발전시킨 것이 재즈의 시초다. 이 음악은 암울하고 우울한 분위기를 풍기는 블루스 음악으로 발전 되어 재즈가 탄생 되게 되었다. 뉴올리언즈는 세계 1차 대전 군사 항구로 지정되어 군악대와 브라스 밴드들이 항구를 드나들며 재즈 음악이 활성화 되었고 이 시기에 재즈계의 슈퍼스타 루이 암스트롱이 출현했다.

뉴올리언즈 2일차 재즈의 향기에 취했다. 비가 부슬부슬 내려 음악의 향취를 돋구어 주었다. 아무 곳에 가더라도 그 곳만의 분위기가 잔잔히 전해져 왔다. 전통 재즈를 보기위해 줄 서있는 곳을 찾았다. 과연 명성에 걸맞게 연주 또한 일품이었다. 좁은 공간에서 마치 거실에서 연주하는 듯 친밀한 분위기는 이곳만의 특색이자 자랑거리가 아닐 수 없다.

6월 14일 오전 11시 23분 미시시피 센터 휴식 후 맴피스로 4시

간 여정으로 출발, 네슈빌 및 오코이 케빈에서 묵는 것으로 최종 확정했다. 멤피스는 엘비스 플레슬리의 고장이기도 하다. 엘비스 플레슬리에게 잠시 상념에 잠겼다. 밴에서 엘비스 음악을 너무 자주 들었기 때문이기도 했다. 엘비스 플레슬리는 처음 낮에는 트럭을 운전하고 밤에는 멤비스 시내의 술집에서 노래를 부르며 가수를 꿈꾸던 청년이었다. 어머니에게 생일 선물로 자신의 음반을 선물하기로 해 자비로 음반을 처음 내었는데, 그 음반이 제작자의 눈에 띄어 1954년 여름 정식 음반을 내게 되었다. 이 음반에 수록된 That, All Right 가 라디오 방송 중 히트를 치게 되고 곧 미국 전체 방송국으로 음반이 판매 되는데 이것이 로큰롤이 대유행하는 시발점이 되었다.

  미국적 음악인 컨트리 음악여행, 네쉬빌 코아 케빈에서 하룻밤을 묵었다.

　네쉬빌은 테네시 주 주도로 뮤직 시티라고 불리는 곳인데 옆에 위치한 멤피스와 함께 컨트리 음악의 고향이라 일컬어지며 컨트리 뮤직 명예의 전당과 박물관도 있어 음악 애호가 사이에서는 꽤 유명한 관광지이다.
　또 네슈빌의 명문대학 밴드빌터 대학 앞에는 그리스 파르테논 신전을 모방하여 만든 신전이 이 있는데 사진으로 본 신전의 모습과 거의 흡사해 놀라움을 감출 수 없었다.
　USB 64GB를 구입해 그동안 배우고 느꼈던 음악을 저장했다. 남미 여행을 하며 마음껏 들을 수 있을 것 같았다. 거리에서 자유롭게 연주하는 뮤지션들이 한편으로는 부러웠다. 자기가 원하는 것을 마음껏 발산할 수 있다는 사실에 자유의 소중함을 느꼈다.

8

애팔레치아를 너머 워싱턴으로!

세계 정치의 수도, 워싱턴

6월 16일 래프팅 최적의 장소, 오코이 강에 도착했다. 타코이 강이라고도 불리는 이 강은 애팔레치아 산맥 남부에서 발원하여 북서쪽으로 흐르는 강으로 미국에서 최적의 레프팅 성지로 불리는 곳이다.

다국적 친구들을 만나고 레프팅도 즐겼다. 급류에 내맡긴 고무보트에 비록 안전조끼를 입었지만 스릴감을 만끽하는 데에는 이상이 없었다. 래프팅 난이도 상중하가 골고루 섞여있어 짜릿함이 배가 되었다. 조장 지시에 일사분란하게 움직이는 대원들이 흡사 해병대원 같았다.

위스키 제조공장을 방문했다. 국내에서 많이 먹어본 위스키 생산현장을 보고 있자니 그냥 아무렇게 만드는 것이 아님을 새삼 알게 되었다. 제법 중량이 나가는 아가씨의 위스키 제조 과정 설명을

듣고 직접 시음도 해보았다.

6월 18일 드디어 미국과 세계 정치의 수도인 워싱턴에 도착하여 링컨 기념관, 백악관, 한국 전쟁 참전비등을 둘러봤다. 백악관에서 사진을 찍다보니 이제야 미국을 왔다는 확신이 들었다. 세계를 움직이는 미국의 대통령이 거주하는 백악관을 바라보며 꼭 내가 세계의 중심에 서 있다는 착각이 들었다.

링컨 기념관의 웅장함은 사진과 영화에서 보는 것보다 실제로 봄으로써 더욱 실감이 났다. 워싱턴에서의 2일차 때는 워싱턴의 국립 미술관을 관람했다. 워싱턴 국립 미술관은 1941년에 개관한 곳인데 뉴욕에 있는 메트로폴리탄 박물관 과 함께 미국 최대의 컬렉션을 자랑하는 곳이다. 특히 레오나르도 다빈치의 초기 초상화는 세계에서 유일하게 이곳에서만 볼 수 있고 고갱, 고흐, 마네, 르

누아르, 로댕 등 잘 알려진 거장들의 작품도 감상할 수 있는 곳이기도 하다. 처음으로 명화 감상에 나도 모르게 빠져들었다.

9

트렉아메리카 미국 횡단
여행을 마무리하며
뉴욕커로 태어나다

미국대륙 남부횡단여행의 정리

　　　　　　　　　　마지막 날, 뉴욕과 가까운 뉴저지 주에서 호텔에 묵었다. 호텔에 누워 미국대륙 남부횡단여행을 정리해 본다.
　대륙횡단이라는 도전을 하면서 힘은 들었지만, 이 여행은 가장 소중한 경험을 하게 해 준 여행이었다. 아름답고 웅장한 스케일의 광경에 빠져 좁은 세상에 아옹다옹 살던 내 자신을 돌아보게 만들었고 위대한 예술 작품이 탄생한 곳에서는 그 당시 미국인들의 삶을 비춰 볼 수 있는 시간 이었다. 몇 백 년 아니 천 년이 넘을 지도 모르는 시간과 공간을 고작 몇 십 년 밖에 되지 않는 유럽인들에게 모든 것을 내 준 인디언들의 아픔과 세계의 모든 아이들에게 꿈과 용기를 준 문학 작품의 고향 미시시피! 그리고 흑인들의 아픔을 담은 재즈와 세계 젊은이들을 열광하게 했던 로큰롤 음악의 대가와

의 만남을 통해 음악의 아름다움과 음악의 존재 이유를 알게 되었고 거장들의 미술 작품은 메마른 내 가슴의 영혼에 단비가 되어 주었다. 거기에다 여행을 같이 한 동료들과의 식사를 함께 만들며 쌓은 정은 결코 잊지 못할 소중한 것이었다.

좋은 경험을 했다는 자신감이 더 크게 느껴져 참 다행이었다.

이제는 전용 밴이 아닌 대중교통을 이용하기로 했다. 투어 리더는 장모님 상중에도 우리 일행을 위해 계속 여행을 같이하기로 했다. 우리들은 개인 일이 우선이라며 LA로 돌아가시는 것이 어떻겠냐고 정중히 부탁을 드렸으나 투어 리더는 괜찮다고 오히려 우리를 위로했다.

자유의 여신상, 브루클린 다리, 월스트리트 거리와 성페트릭 성

당 및 911테러 현장(제로 그라운드)을 방문했다. 늘 매체를 통해 보던 미국의 상징물들이 내 눈 앞에 펼쳐지자 갑자기 기분이 업 되어가기 시작했다. 처음 보는 곳이지만 왠지 모르게 익숙한 곳이라 그런 기분이 드는 모양이었다.

뉴욕 2일 차에는 브로드웨이 뮤지컬을 감상했다. 방송에서 본 그 타임스퀘어 광장을 지나고 있으니 감개무량했다. 브로드웨이는 타임스퀘어 광장을 중심으로 자리한 40개 극장들을 중심으로 지금도 활발하게 영화와 연극, 뮤지컬 등이 올려 지는데 이름만 들어도 아는 〈맘마미아〉〈오페라 유령〉 등에 하루 평균 2만 명이 넘는 관객들로 북적거렸다. 몇 번이고 돌고 돌아봐도 싫증이 나지 않

왔다. 벌써 뉴욕커가 된 것일까? 우쭐한 맘을 억누를 수가 없었다. 엠파이어 스테이트 빌딩에서는 엘리베이터 입구에서 인증 사진을 찍었다.

    1931년에 지어진 이 빌딩은 높이 381미터, 102층으로 지어졌는데 그 당시에는 세계에서 가장 높은 빌딩이었다. 우리가 잘 아는 〈킹콩〉〈시애틀의 잠 못 이루는 밤〉등의 유명한 영화의 배경이 된 곳으로도 유명하며 밤이 되면 다양한 색깔의 조명으로 야경이 아름다웠다.

숙소 체험도 여행, 진짜 그 문화와 사회는 집에서 느낍니다.

01. 힐링 캠프 대자연 체험

02. 아메리카 원주민, 나바호 인디언 호건 역사 체험

03. BLT = Budget Lodging Tour, 특색 있는 호텔과 랏지, 캐빈과 현지 숙소를 활용합니다.

숙소도 여행이 되고, 다양한 숙박 체험은 깊이가 다른 체험을 선사합니다.

한국문화를 체험하려면 안동 한옥에서 숙박하면 됩니다. 친환경 랏지(호텔), 세계 최고시설 캠핑장! 깨끗하고 저렴한 호텔, 특별한 인디언 전통 캠프, 카우보이 캠프는 트렉아메리카 숙소의 절정을 이룹니다. 깨끗한 샤워장과 휴게 & 세탁시설, WiFi, 수영장 With BBQ 파티, 낭만 가득한 캠프 파이어, 야생동물도 만나고, 순결한 대자연과 인간이 하나가 됩니다. 다양한 숙소와 여행지가 어우러진 힐링 숙박은 행복을 가꾸는 밑거름이 됩니다.

낯선 70개국 글로벌 여행자가 함께 요리하여 식사하는 가족 같은 트렉아메리카 여행은 자연스레 글로벌 우정을 만드는 〈비정상 회담〉으로 이어집니다.

특별한 랏지와 호텔 그리고 다양한 숙박 체험은 다양한 교류를 만듭니다. 아메리카 역사 체험을 위한 인디언 호건 숙박, 화려한 라스베가스를 즐기는 스위트룸 리조트, Jazz 선율 가득한 뉴올리언즈 아파트먼트, 그랜드 캐년 트레킹을 위한 캐년 랏지, 캐나다 전통호텔 등 여독도 씻고, 다양한 체험여행으로 당신을 초대합니다. ^^

직장인 휴가, 신혼여행… 특별한 경험을 원하는 자유여행자에게 강력하게 추천 드리니, 편안하고, 독특한 미국문화를 체험하세요.

투어 리더는…

1. '행복한 삶'으로 안내하는 여행힐러

2. 여행자 안전 관리자: 안전이동, 야간여행, 여행자 건강관리, 질병 발생 시 병원안내.

3. 유쾌한 분위기 유지: 캠프 세팅, 팀 빌딩, 캠프파이어, BBQ 파티, 외식, 선택여행 지원.

4. 여행 진행 : 모닝 브리핑, 숙소 Check in & out, 워킹투어, 피드백, 응급처치, 차량 응급수리.

10

아름답고 영롱한 무지개가
살고 있는 캐나다 동부

북아메리카 10박 11일

　　　　　　　　　　　6월 21일 오늘부터 7월 1일까지 10박 11일은 뉴욕을 포함하여 캐나다 동부 여행의 기간이다.

아침에 센트럴 파크를 산책하고 캐나다 퀘백으로 이동했다.

시간은 16시 48분 대통령 전용기처럼 작은 비행기를 탔는데 퀘백에 도착한 것이 아니었다. 폭풍우가 내리치는 상황에서 감히 착륙을 시도할 비행기가 없었다. 3번의 시도 끝에 결국 몬트리올로 돌아왔다. B씨는 동영상을 찍었는데 정말 아찔한 순간이 아닐 수 없었다. 낯선 곳에서 불귀의 객이 될 뻔한 위험천만한 순간이었다. 결국 새벽이 되어서야 퀘백 샤또 쁘랑뜨낙 호텔에 도착했는데 설상가상 배정된 객실이 아직 청소가 안 된 곳이었다. 그도 그럴 것이 저녁이 되어도 나타나지 않는 손님을 위해 이미 단념을 했을 수도 있었다. A씨는 분노가 폭발했다. 전화로 항의했다. 호텔에서는

직원 실수가 있었다고 사과를 하며 더 좋은 객실로 업그레이드 해 주었고, 3일간 조식 서비스도 받았다. 전화위복이었다.

6월 24일 퀘백 성벽(1760년 축조)을 여행했다. 영국군이 세운 후 1870년부터 인기 관광지가 되어 워킹 투어하기에는 제격이었다. 위병 교대식이 인상적이었다. 일행 중 H씨의 60회 생일파티를 투어 리더가 부담했다. 퀘백에서 남다른 생일파티를 축하드려요!

도시 전체가 세계문화유산 목록에 올라 있는 퀘백은 17세기에 세워진 건축물이 많아 캐나다 최대의 역사 도시로서 면모를 갖추고 있는데 건물이 대부분 옛 프랑스풍 건물이고 일상생활 풍습도 프랑스 양식과 많이 닮은 것이 특징이다. 지금도 프랑스계 사람들이 많이 모여 살아 프랑스어가 주로 쓰인다. 예전에는 캐나다 동부 무역, 공업 중심 도시로서의 역할도 담당했지만 지금은 몬트리올

에게 그 영광스런 자리를 내주었고 조용한 관광 도시로서 명성을 이어가고 있다. 특히 내가 묵고 있는 호텔은 인기리에 방영된 드라마 〈도깨비〉의 촬영지로도 유명해 많은 관광객들의 발걸음이 끊이지 않았다.

  6월 26일 몬트리올 시내로 들어 왔다. 몬트리올은 퀘백처럼 오래된 도시는 아니지만 캐나다 제2의 도시이자 캐나다 제1의 무역항으로 손꼽히는 대도시이다. 유럽으로 연결된 항만 교통과 캐나다 동부의 철도 교통의 중심지이기에 많은 종류의 공업이 발달하였고 1976년 올림픽 개최로 인해 세계적인 도시로 발돋움하게 되었다. 거기에다 몬트리올 국제 영화제를 해마다 개최하여 공업 도시만의 이미지를 벗고 예술인들의 사랑을 받고 있으며 퀘백처럼 프랑스계 사람들이 주를 이루고 있었다.

    6월 28일 08시 40분 현재 토론토 행 기차는 55분에 출발 예정이었다. 열차 내부의 조명이 상당히 어두웠다. 한국의 KTX는 가히 세계 최고라는 찬사가 아깝지 않다는 것을 대번에 알 수 있었다. 17A 창 측에서 2A로 좌석이 변경되었다. 15시에 도착 예정이니 오랜 시간을 기차에서 보내게 되었다. 전용 밴에서 탈피하니 살 것 같았다. 토론토에 도착하여 토론토 랜드 마크인 까사로마 저택을 방문했다. 까사로마는 스페인어로 언덕 위의 집이란 뜻인데 근처 나이아가라 폭포의 수력 발전을 통해 돈을 번 헨리 펠라트 경이 1911년에부터 3년간 지은 집으로 캐나다에서 가장 큰 개인 저택으로 꼽힌다. 98개의 객실과 도서관, 응접실, 온실, 식물원, 장미 정원, 지하 비밀 통로도 존재하며 비밀 터널의 길이만도 250m에 다란다. 이곳의 아름답고 로맨틱한 풍경 때문에 웨딩 촬영이나 영화

촬영이 성하기로 유명하며 토론토 도시 전체를 전망할 수 있는 전망대는 한국어 지원이 가능했다.

6월 29일 이과수 폭포와 빅토리아 폭포와 함께 세계 3대 폭포의 하나인 나이아가라 폭포를 탐방했다.

죽기 전에 꼭 봐야 할 자연 절경 1001에 꼽히기도 한 이 폭포는 폭이 671m에 높이 55m로 초당 700톤이 떨어지는 곳이다.

몰려드는 관광객으로 혼불로어 탑승에도 시간이 많이 소요되었다. 미국과 캐나다의 접경지역을 사이에 두고 우의(雨衣)의 색상(적색이 캐나다, 백색이 미국)으로 서로의 지역을 확인하는 듯 했다. 쏟아지는 폭포의 물줄기는 환희 그 자체였다. 태고의 신비를 그대로 간직한 채 관광객들에게 신비(神秘)를 선물해 주는 것이다. 나이아가라는 뜻이 캐나다 원주민 언어로 천둥소리를 내는 물을 뜻

하는 것처럼 초입에 들어서자마자 들려오는 사운드에 압도당했다. 거기에다 맑은 날에도 항상 비가 내려 늘 선명한 무지개가 형성되는데 그 신비로움에 현기증까지 날 정도다.

6월 30일 토론토 자유여행이 시작 되었다. 토론토는 온타리오 호수 북쪽에 위치하고 있는 캐나다 제1의 도시로 몬트리올은 프랑스계 중심의 도시인 반면 이곳은 영국계 중심의 도시로 발전 하였다. 오대호 수운의 영향으로 석탄 석유와 밀의 집산지로 발달하여 이를 원료로 하는 각종 공업이 발달한 캐나다 제1의 공업 도시이다. 시내에는 장대한 건물들이 많은데 특히 세인트 제임스 교회와 세인트 마이클 교회 건물이 가장 유명하다고 했다. 거기에다 미술관, 공원, 동물원등도 골고루 갖추어져 있어 다양한 볼거리를 제공해 주었다. 특히 주 의회 의사당과 로열 온타리오 박물관은 남미로 떠나기 전 자투리 시간을 꽉꽉 채워주는 볼거리였다. 캐나다 제1의 박물관인 이 박물관은 1857년 자연사, 현대 미술관으로 개관하여 1912년 지금의 초기 형태를 갖추었고 2007년 마이클 리 친이 30만 달러를 기부하여 현재의 모습으로 완성 되었다. 화려한 크리스탈을 모티브로 하여 유리와 알루미늄 패널로 완성된 외부는 낮에는 햇빛으로 밤에는 화려한 조명으로 다양한 모습으로 연출 되며 오래된 옛 건물인 석조 건물을 그대로 살린 상태에서 크리스탈이 덧 입혀진 듯한 모습은 한 번 본 사람은 절대로 잊을 수 없을 정도의 인상적인 명소가 되었다고 했다. 특히 지구상에 존재하는 돌들과 우주로부터 날아 온 행성의 조각, 달에서 수집해 온 돌이 전시 되어 있는 곳이 아주 흥미로웠다.

이곳에서 가장 인기 많은 곳은 공룡 전시관인데 마치 살아 있는 듯 다이나믹한 자세로 전시된 공룡 뼈들은 정말 그 시대를 여행하는 것 같았다.

전용 밴으로 도로정체 없이 '숙소 to 숙소' 편안한 이동

47년 노하우로 교통정체를 피하고, 중앙통제로 기상이변을 피하며, 숙련된 투어 리더가 정시이동, 정속운행 등 안전운행을 최우선 합니다.

렌터카 여행 시 문제 되는 Traffic Jam, 졸음운전, 기상이변 등에 의한 사고가능성을 완벽하게 해결합니다.

버스나 기차 여행 시 문제 되는 터미널 찾기, 기다리고, 갈아타는 불편과 도착해서 숙소 찾아 시내교통편 찾아다니는 불편도 없습니다.

Safe Guard 투어 리더는 철저한 기상 체크, 트래픽 잼 없는 빠르고 안전한 길 탐색으로 시간 낭비 없는 여행을 선사합니다.

또한 A 숙소 앞 → B 숙소 앞까지 최신형 차량의 편안한 좌석에서 즐거운 이동을 보장해요!!

여기저기 찾아다니는 불안감 없이 원하는 장소까지 이동하므로 차 안에서 게임, 음악을 즐기며, 여유로운 차창 밖 경치 감상도 색다른 여행이 됩니다.

☞ 차량소개 : Ford (Van), Low Roof RWB 차량, 차량 안 높이 145cm, 차량 밖 높이 218cm, 길이 559cm, 배기량 : 3700cc

금강산도 식후경, 끊임없는 맛있는 음식체험

스테이크와 와인, BBQ와 맥주, 불고기와 소주, 웨스턴 가정식을 즐겁게 먹는 여행!!

어제는 미국식 BBQ, 오늘은 프랑스 요리, 내일은 이탈리아 파스타, 모레는 한국 불고기 요리... 끝없는 맛의 향연~!

푸드키티(1일 $10)로 아침, 이동 중 점심, 저녁 식사가 해결됩니다. 친구와 월마트에서 장을 보고, 즐기듯 요리를 준비하여 특별한 식사를 합니다. 투어 리더가 준비한 맥주를 곁들인 BBQ 파티, 시카고 딥 피자 디너와 블루스 음율 가득한 클럽, 아리조나의 반짝이는 별 빛 아래 전통 카우보이 디너, 대자연에서 가족끼리 만들어 먹는 패밀리 만찬은 형언할 수 없는 행복을 줍니다.

라스베가스 벨라지오 뷔페와 각종 재료로 만든 샌드위치 런치까지. 푸드키티는 신선하고 청결한 가정식 디너를 더욱 정겹게 하며 경비까지 절감시켜 줍니다.

11

버리니 참 가볍구나!

가자! 남미를 향하여!

캐나다 여행이 종료됨과 동시에 7월 4일부터 실시되는 남미 횡단에 대비해야 했다.

남미로 향하는 비행기를 타기 위해 공항 내에 있는 식당에서 맛있는 저녁을 먹으며 캐나다 여행을 정리해 본다.

영연방 국가인 캐나다에서 프랑스계 사람들이 중심이 되는 퀘백부터 몬트리올 까지 위험한 날씨를 극복하고 찾아 온 이방인 눈에는 모든 것들이 아름답게 보였다. 푸른 언덕과 고풍스런 17세기 옛 건축물들이 너무나 잘 어울렸고 영국계 중심인 토론토와 비교해 보면 약간은 이국적인 모습들이 신선했다. 평소 고층 빌딩들로 가득 찬 서울을 벗어나지 못했던 나로서는 탁 트인 이곳은 천국 그 이상이었다. 로맨틱한 까사로마 저택과 웅장한 나이아가라 폭포는 천국의 훌륭한 조형물처럼 느껴졌고 자연의 위대함에 나의 막힌 눈과 귀가 저절로 정화된 느낌 이었다. 아마 심청의 아버지 맹인 심학규가 눈을 떠 첫 세상을 바라보는 경이로움이 나와 같지 않았을까?

폭포에서 마주친 영롱한 무지개가 한동안 내 머리를 떠나지 않을 것 같았다. 누군가가 세상에서 가장 아름다운 것은 북극의 오로라였다고 했다. 내가 본 무지개와 그가 본 오로라 중 어느 것이 더

아름다울까? 아직까지는 나의 답은 무지개이다. 평생 동안 이 무지개가 내 곁에 선명히 피어났으면 좋겠다.

　캐나다 최고의 도시 토론토 자유 여행은 일정으로 빡빡한 여정에 자유의 비를 흠뻑 뿌려 주었다. 미지의 세계 남미로 향하는 부담감과 두려움을 싹 가시게 해 주었고, 남은 여행도 잘 마무리 할 수 있을 정도의 에너지와 자신감을 갖게 만들어 주었다. 오랜 직장 생활을 하며 가졌던 모든 스트레스가 완전히 비어지는 느낌이었다. 참 비우니 가볍구나!

　이제 남미를 끝으로 가족들이 있는 서울로 돌아간다면 이곳에서 충전한 모든 경이로운 아름다움과 지극히 낮은 겸손함과 충분히 높은 자존감으로 살아가리라. 가자! 남미를 향하여!

〈트렉아메리카 투어리더 코멘트〉

"일하기 좋은 회사입니다. 나의 삶의 최고의 여름 중 하나를 가졌습니다. 나는 일과 생활방식을 사랑합니다." – Chris Tsirbas

"이 일은 엉뚱하고 가장 아름답고, 놀랍고 환상적입니다. 내가 경험했던 가장 전율 넘치는 일!!" – Christine Marcinkowski

"내가 일했던 직장 중 최고의 도덕적인 곳입니다. 내가 경험한 최고의 매니저를 만나는 놀라운 직업입니다." – Erin Halloran

"비록 도전적일지라도, 최고의 개인 경험, 자신감, 자각 등 놀라울 정도로 최고의 회사에서 일하고 있습니다." – Tafline Laylin

"내 삶에 있어 절대 지치거나 스트레스 받지 않습니다. 나는 안전관리 투어 리더로서 여행자에게 무언가를 제공할 수 있는, 이 일에 중독되어 있습니다. 나의 삶에 있어서 꿈은 현실이 되었습니다. 기회를 주어서 감사합니다." – KEllyn Holt

12

아름다운 휴양지
원시의 남미 여행

흥분의 남미 여행

　　　　　　　7월 4일 드디어 남미 여행이 시작되었다.
　남미 여행의 시작은 브라질에서 시작 되었는데 도시 전체가 유네스코 선정 세계문화유산인 리우데자네이루부터 시작 되었다. 이 도시는 나폴리, 시드니와 함께 세계 3대 미항으로도 유명한 곳으로 예전에는 브라질 수도 이던 곳이다.
　저녁 7시에 미팅이 있는 관계로 오늘 코르코바도 산 정상에 위치한 그리스도 동상을 봐야했다. 다행히 호텔 프론트에는 안내 지도가 있었다. 호텔 직원에게 어떻게 가는지? 버스는 어디서 타는지를 물었다. 다행히 버스를 타고 가면서도 지도를 펼치고 옆에 있는 아리따운 여대생(?)에게 물어보았다. 영어로 물어봤지만 못 알아듣고 포르투갈어를 계속 내뱉고 있으니 서로가 답답했다. 그래도 펼쳐든 지도에서 이 버스를 잘 탔고 계속 가면 되는데 여기서 잘 내리라고 몸짓으로 신신당부해 주었다. 그리스도상은 역시 많은 사람들이 찾고 있는 명소 중의

명소였다. 인파에 묻혀 사진 찍을 장소가 마땅치가 않을 정도였다. 셔터를 연속 눌러댔다.
　이 동상은 브라질의 유명한 건축가 에이토르 다 시우바코스타가 디자인한 것으로 도시의 주민들이 새벽에 어둠 속에서 제일 먼저 동상을 보기 원했고 해질녘에는 지는 해를 동상 머리 뒤의 후광

으로 볼 수 있기를 희망하며 디자인 했다고 했다. 트램을 타고 내려오면서 자연사 박물관과 기념품 가게를 자연스럽게 접근할 수 있도록 지어져 있었다. 왕복 승차권은 다시 트램을 탈 때 직원이 확인했다.

  호텔에 일찍 도착하여 코파카바나 해변을 걸었다. 모래로 만든 성곽이 인상적이었다. 관람료를 받고 있었다. 비치 타월을 들고 다니는 호객꾼이 많았다. 해변에 즐비한 간이 레스토랑은 간헐적인 소나기를 피할 수 있는 지붕을 제공해 주었다. 석양의 노을이 해변과 이루어내는 환상적인 풍경에 한동안 넋을 놓고 보고 있었다. 금방이라도 아름다운 물속으로 뛰어들고 싶었으나 외국인 관광객을 상대로 소매치기들이 많다는 정보 때문에 해변의 도로만 걸어가는 것에 만족할 수밖에 없었다. 리우데자네이루는 인구가 2천만에

육박하는 세계적인 대도시임에도 불구하고 행정과 항구 위주로 도시 성장이 이루어져 많은 실업 사태를 빚고 있어 대부분의 시민들이 가게 점원이나 가정부 등 낮은 임금을 받는 직업에 종사하고 있는 실정이라고 한다.

투어 리더는 칠레 남자로 미혼이고 나이는 37세, 스페인어, 포르투갈어는 물론 영어에 능통했다. 진행은 영어로 했다. 총 인원은 투어 리더 포함 16명이며 영국, 아일랜드, 스웨덴, 덴마크, 벨기에, 스위스, 중국, 호주 등 국적이 다양했다. 여성의 비율이 압도적으로 많았다. 남자는 고작 투어리더 포함 6명에 불과했다. 연령대는 23세에서 37세까지인데 내가 54세로 아버지뻘인 셈이다. 그러나 그들은 개의치 않았다. 그들의 자유분방함이 좋았다.

7월 5일 처음으로 간 곳은 일랴그란지 섬으로 브라질에서 3번

째로 큰 섬이며 청정구역이다. 리우데자네이로 근교의 대표적인 휴양지로 에메랄드 빛 바다가 우리를 유혹했다. 보트를 타고 느끼는 바닷바람도 무척 좋았다. 1시간 넘어 배를 타고 도착한 일랴그란지 섬은 원래 해적들의 본거지였고 후에는 포로들을 수용한 무시무시한 감옥으로도 이용되었다고 했다.

  일랴그란지 섬 2일차, 남부 대서양 해안을 따라 걸었다. 이 해변은 청정구역으로 청소차와 경찰차 외에는 어떤 차도 운행을 할 수 없는 곳이라고 했다. 정말 푸른 바다라는 말이 잘 어울리는 아름다운 색을 내는 바다가 내 눈 가득 들어왔다. 시원한 바람과 푸른 물감을 풀어놓은 듯 바다가 나의 기분을 업 되게 했다. 이 황홀한 대서양을 내 눈 가득 담아가고 싶었다.

  나와 같은 방을 쓰는 룸메이트는 벨기에 남성으로 이름이 바돔이고 나이는 26세였다. 나의 큰 아들 나이와 같았다. 링컨의 외모

중 구레나룻 수염이 보기 좋았다. 노트북으로 기록을 남기는 것을 좋아했다. 약학을 전공했고 제약사에 근무경력이 있는 청년 이었다.

7월 7일 해안선을 따라 휴양도시 파라티로 이동했다. 차창 밖으로 보이는 넓은 대서양이 나의 기분을 더욱 설레게 만들었다. 파라티는 17세기 식민시대에 만들어진 도시로 유네스코 문화유산으로 등재되어 있다. 포르투갈 느낌의 예쁘고 강렬한 색채의 건물, 카페 그리고 조약돌로 만들어진 거리를 걷다보면 어느새 이곳 주민이 된 듯한 착각에 빠진다. 마치 동화의 나라에 온 것 같고 저 예쁜 집에서 아름다운 공주님이라도 톡 튀어나올 것만 같다.

파라티 2일차, 스노클링, 보트 투어, 농장체험을 하며 브라질 전통주 카샤샤(cachaca) 맛을 보기위해 공장을 방문했다.

　눈이 부시도록 아름다운 빛의 바다 위에서 강렬한 태양을 즐기며 하는 스노클링과 보트 투어는 인생 최대의 경험이라고 말하고 싶다.
　카샤샤는 사탕수수의 심지 부분을 원료로 만든 술로 알코올 도수가 38도에서 42도로 굉장히 높은 편이고 증류된 술은 황금빛이나 옅은 노란색을 띈다. 증류되지 않은 술은 투명한 색을 띄는데 다른 요리에 첨가하거나 그냥 음료수로 마시기도 한다.
　파라티 3일차, 계곡에서 물놀이를 즐겼다. 어릴 적 동네 개울에서 즐기던 때로 돌아가 동심을 오랜만에 맛보았다. 근처 숲에 노닐고 있는 다람쥐와 원숭이를 보면서 계곡 깊은 곳으로 들어가 더 차가운 물에 몸을 담갔다. 이틀 연속 물놀이로 피부가 멋있는 구리빛으로 변화 되어 무척 만족스럽다.

14

위대한 자연과
아득한 역사의 성지
남미를 품다

유네스코 세계자연유산 이구아수

　7월 10일 상파울루를 향해 비행기를 타고 이구아수 폭포로 이동했다.

　이구아수 폭포는 아르헨티나와 브라질 경계에 있다. 먼저 아르헨티나 접경지역에 들어가서 이구아수 폭포의 다른 면모를 봤다. 유네스코 세계자연유산으로 지정된 이 폭포는 수려한 자연환경과 생물학적 다양성 보전의 중요성을 인정받아 문화유산이 되었는데 브라질 지역의 폭포와는 따로 1986년에 선정 되었다. 원주민 언어로 거대한 물이란 뜻을 지닌 이구아수 폭포는 높이 60m에서 80m 가량의 270개 가량의 작은 폭포들이 너비 3km에 걸쳐 떨어져 온종일 광음과 엄청난 물보라를 일으키고 있다. 이곳은 자연 경관을 덜 헤치기 위해 폭포 열차를 운영하여 관광객들을 폭포로 접근시키고 있으며 브라질 쪽 폭포보다는 식물의 다양성이 떨어지기는 하나 2,000여 종의 관다발 식물들이 폭포 근처에 열대 우림을 이루고 있고 재규어를 비롯한 다양한 포유동물과 아르헨티나 내에 서식하는 조류 중 절반 이상의 조류들이 이 열대우림에 서식한다고 한다.

　7월 11일 이번엔 브라질 지역 이구아수 폭포를 관람했다. 이구

아수 폭포는 빅토리아 폭포, 나이아가라 폭포와 함께 세계 3대 폭포로 불리는데 나머지 두 개 폭포를 합친 것 보다 규모가 더 큰 단연 세계 제일의 폭포이다. 이구아수 폭포의 최 접근 지역까지 투어하는 것이 오늘의 최대미션인데 과연 듣던 바대로 엄청난 규모였다. 나이아가라에 절대 뒤지지 않은 위용을 자랑하고 있었다. 모터보트로 가야하고 구명 안전조끼 착용은 필수였다. 방수가 되는 카메라가 절실했다. 젊은 친구들은 벌써 구비하고 다녔다. 속도를 내고 좌로 기우뚱 우로 기우뚱거리며 물살을 뒤로하고 앞으로 나아가는 모습이 흡사 해병대 전사들로 착각하게 만든다. 분무기처럼 뿜어내는 사이로 무지개가 영롱하게 아로새겨 진다. 무릉도원이 여기던가? 갑자기 아무 소리도 들리지 않고 주변의 풍경도 보이지 않았다. 오직 우렁차다고 표현하기엔 너무나 부족한 굉음의 폭포

소리와 빨려 들어갈 듯한 무시무시한 쏟아지는 물만이 나를 감싸고 있었다.

　여기서도 전용 밴 자동차를 이용했으나 차량이 넓은 것도 나오고 심지어는 버스가 나오는 경우도 있었다. 차량 1개를 고집하지는 않았다. 이구아수 폭포를 헬기투어 했다. 덴마크 약혼자 커플과 호주 아가씨 그리고 나까지 총4명이 신청했다. 헬기에서 보는 이구아수 폭포는 압권이었다. 지옥 속으로 빨려 들어갈 것 같은 엄청난 물줄기에 잠깐 동안이었지만 내가 다른 별에 온 것 같은 기분이었다.

　흥분을 쉽게 감추지 못하고 들뜬 기분을 간직한 채 보니토로 가는 야간버스를 탔다.

　7월 13일 보니또에 도착했다. 보니또는 에코 여행지로 각광을 받는 곳이었다. 바닥이 훤히 다 보이는 수쿠리 강은 수질 오염을 위해 절대로 물을 오염시킬 것들을 가지고 갈 수 없는데 심지어 모기 기피제와 자외선 차단제까지도 지니고 들어갈 수 없을 정도로 단속이 심한 편이었다. 끝없이 맑은 강에서 열대어와 함께하는 스노클링을 하며 황홀했다. 물이 너무 깊지도 않고 햇살이 바닥까지 비쳐 나 같은 초보자도 쉽게 할 수 있어 좋았다. 정글의 법칙에서 방송된 보니또 여행을 우리가 하다니 설레는 순간이었다.
　아비스모 아뉴마스 동굴 72m 레펠 하강체험 때에는 어렵게 레펠 훈련을 받아야 했지만 환상적인 동굴의 속살에 입이 벌어져 다물어지지가 않았다. 동굴 깊숙이 80m 정도의 물이 가득 차 있어 다이빙 투어도 가능했지만 결국 경험을 하지 못해 못내 아쉬웠다.

　7월 15일 판타날로 이동하여 환상적인 여행은 계속 이어졌다. 이곳 역시 유네스코가 지정한 세계자연 유산으로 지정된 곳인데 브라질 지역만 1,350km²에 달하며 볼리비아와 파라과이 지역까지 합하면 238만 2,800km²에 달하는 광대한 정글 지역이었다. 아마존 정글이 우리나라 보다 훨씬 크다니 놀라울 따름이었다. 판타날 지역에는 수를 헤아리기 어려울 정도로 다양한 동식물이 존재하는데 하천과 평원에서 자라는 초본식물들과 야자, 백합 등이 대표적인 식물이며 대표 동물로는 재규어, 개미핥기, 카피바라 등을 포함하여 15만 종이 서식한다고 했다. 정글을 계속 탐험하며 여러 종의 원숭이와 마주쳤지만 재규어와의 상봉이 무산되어 조금은 아쉬웠다. 내가 아마존 정글 속에 있다니 이게 꿈인지 생시인지

구분이 잘 가지 않았다. 동행한 덴마크인 약혼 부부는 약혼 기념으로 이 여행에 동참했는데 가이드가 건넨 열매를 받고 깜짝 놀랐다. 열매 중간을 절단하자마자 크리스마스트리가 나오지 않는가? 훌륭한 약혼기념 선물인 셈이었다. 카메라도 좋은 것을 갖고 다녔는데 중요한 것은 빼놓지 않고 열심히 셔터를 눌러댔다. 현지인 가이드는 야자수 잎을 갖고 팔찌를 만들어준다고 했다. 시범을 보이는 행동이 자못 진지했다. 또한 주위에 돌아다니는 등이 딱딱한 갑각류를 선보였는데 모습은 두더지이지만 등은 도마뱀처럼 딱딱하다. 이름이 아르마딜로라고 했다. 더욱 신기한 것은 조선시대 갑옷처럼 잘 굽혀진다는 것이었다.

판타날 2일 차에 다시 정글 탐험에 나섰다. 세계 최대의 판타날 습지를 로컬 가이드와 함께 여행하게 되었다.

원숭이, 마코 앵무새, 왕 수달과 카이만 악어를 만났다.

왕 수달과 카이만 악어에 대해 설명을 들으니 서로 죽고 죽이는 살벌한 전쟁이 매일 이 곳에서 벌어진다고 했다. 10여 마리 이상이 무리를 이루어 사는 왕 수달이 좀 유리해 보이긴 했지만 실상은 그렇지도 않은 모양이다. 수달 새끼의 반이 카이만 악어에게 희

생 된다고 하니 귀여운 수달 새끼가 불쌍하게 보였다.

　판타날 3일 차 되는 날, 판타날을 떠나 국경을 향해 갔다. 볼리비아 산타크루즈를 향해 긴 이동을 하는 날이다. 브라질 코룸바라에서 야간 열차를 타고 산타크루즈로 갔다.

　여기서 문제가 생겼다. 일행 중 중국인 아가씨가 볼리비아 여권에 문제가 있다는 것이다. 내 것은 패스포트에 완전 부착되어 있는데 반해 그 아가씨 것은 PC에서 출력물이라는 것이다. 투어 리더의 종횡 무진한 활약으로 야간열차 10분전에 도착하여 열렬한 박수 갈채를 받았다. 참 다행스러운 일이었다.

　7월 18일에 도착한 남미에서 두 번째 국가인 볼리비아 산타크루즈에서 자유 시간이 주어졌다.

　산타크루즈는 볼리비아의 수도는 아니지만 볼리비아에서 제일 큰 도시로 꼽힌다.

　원래 원주민들이 '그리고타'라고 부르던 곳인데 스페인 식민지 시절 스페인의 장군인 뉴플로 데 차베스라는 사람이 처음으로 이곳에 도시를 건설하며 자신의 고향인 산타크루즈 라 부르게 되었

다. 기후가 온화하고 은과 주석 등 광물 자원이 풍부해 인구가 많은 서부 도시들과는 달리 산타크루즈가 위치한 동부는 안데스 산맥 경사면에 위치하고 기후도 열대 기후라 농업 중심의 사회로 도시 발달이 미약 하였다.

20세기 전반까지만 해도 농업 중심의 열대 저지대에 위치한 고립된 소도시였으나 1952년에 일어난 볼리비아 혁명으로 인해 주변이 본격 개발되며 도시에 인구가 늘기 시작하여 1990년에는 인근에 천연가스 광산이 발견 되어 70만 인구가 유입되었고 2010년에는 165만 명의 도시로 성장했다.

볼리비아의 수도인 라파스보다 더 큰 도시로 성장해 실질적인 가장 큰 대도시가 된 것이다.

이곳에 가장 유명한 곳은 1880년에 설립되어 긴 역사를 자랑하는 가브리엘르네모레노 자치대학 인데 고풍스러운 유럽풍 건축물이 너무나 멋있었다.

    7월 19일의 시작은 수크레에서 시작 되었다. 수크레는 볼리비아의 사법수도이다. 이 도시는 해발 2,830m 고지에 위치한 도시로 1538년 스페인에 의해 건설되었으며 볼리비아 최고 재판소가 위치해 있었다. 1839년에 이 나라 수도였으나 지금의 행정수도는 라파스이다.
    수크레란 이름은 스페인에게서 독립한 후 세워진 볼리비아 독립국의 초대 대통령 이름에서 따왔다고 한다. 그 만큼 이곳은 볼리비아의 독립운동의 성지이기도 하다.
    1991년에는 유네스코 세계문화유산으로 선정되어 많은 관광객들이 몰려오고 있었다.
    수크레 2일 차, 아름다운 백색 도시 수크레는 스페인 식민지 시절 은광으로 발달된 도시이다. 하얀색과 빨간 지붕의 도시를 걸어서 여행했다. 스페인 식민지 시절의 건축 양식을 간직한 건물과 유적이 잘 보전되어 있으며 흰색으로 외벽을 칠한 건물들이 연출하는 경관 탓에 하얀 도시라는 별칭도 갖고 있다고 했다.

수크레 3일 차, 공룡 발자국을 찾아 트레킹을 나섰다. 4륜구동 모터바이크를 타보았다.

재미는 있으나 급경사에서 조심해야 했다. 중간 중간에 현지 가이드 및 로드리고가 확인했다.

산악지형을 이러한 모터바이크로 관광을 이용하는 것에 박수를 보냈다. 액티비티(지역의 명소를 탐방하는 것으로 모터바이크를 타는 비용 등은 지불해야 한다)는 삶의 활력소이자 여행의 핵심이었다.

7월 22일 포또 시에서 은광 광산 투어를 했다.

1541년에 발견된 이 은광산은 엄청난 양을 채굴하여 세계를 깜짝 놀라게 했는데 지배자였던 스페인으로 은을 착취당해 볼리비아는 열악한 생활을 할 수밖에 없었다는 아픈 역사를 가진 곳이라

고 했다.

　도시가 4,000m 고도에 위치하고 있어 고산 약은 먹었으나 입술이 얼얼하고 손이 떨렸다. 물은 많이 먹었으나 동굴 안은 덥고, 석회 가루가 부유하고 있어 마스크를 착용했다. 중간 중간에 휴식을 하였으나 워낙 좁고 높이가 낮은 동굴이라 허리를 많이 굽혀야 했다. 15명 중 8명만 참가했다. 호주에서 온 아가씨는 키가 작아 안성맞춤으로 재미있게 관람하는 것 같았다. 호주에서 경찰로 근무한 경력이 있다고 했으며, 까무잡잡한 피부는 건강함을 과시하는 듯 했다.

　7월 23일 볼리비아 여행의 하이라이트 우유니 소금호수 투어를 위해 이동했다. 땅의 색깔이 점점 눈이 온 듯 새하얗게 변하기 시작했다.

　우유니 소금 사막은 세계 최대 소금사막으로 소금호수라 불린다. 지각 변동으로 솟아 오른 바다가 빙하기를 거쳐 2만 년 전부터 녹기 시작하여 만들어진 호수인데 비가 적고 건조한 기후가 계속되어 호수의 물은 다 증발하고 소금 결정만 남았다고 했다.

　소금 총량은 100억 톤에 달하며 두께는 최고 120m나 된다고 했다. 볼리비아 국민이 수 천년동안 사용해도 남을 양이라니 실로 어마어마한 양이었다. 순도 또한 일반 암염이나 천일염보다 10배나 높아 무게 당 가격이 비싼 편이라고 했다. 이렇게 높은 산악 사막지대에 엄청난 염전이라니 정말 자연의 위대함을 절감하는 순간이었다. 해발 3,800m에 이런 염전이라니!

12월부터 3월까지 우기에는 호수에 물이 고여 푸른 하늘과 구름이 마치 거울처럼 투명하게 반사되어 절정을 이룬다는데 보지 못해 못내 아쉬웠다. 하지만 건기 때에는 또 다른 매력을 발산하는데 지구가 아닌 화성의 모습을 보는 것 같다고 해 다른 나라 사람들은 일부러 건기때 더 찾아온다고 했다.

물 없는 호수를 사륜 구동차량 코란도로 소금 사막투어를 즐겼다. 새하얗게 펼쳐진 소금 대지를 달리는 이 기분은 마치 구름 위를 달리는 기분 같았다. 이곳은 요즈음 건전지와 원자로 제어봉, 건조제, 합금 촉매제, 전투기 제조의 원료가 되는 리튬이 많이 생산되는데 그 생산량과 매장량이 세계 1위라고 했다. 특히 리튬 채굴권을 우리나라가 따내 제조한다고 하니 참 자랑스러웠다.

소금 사막에서 야생 라마를 만나니 신기했다. 아마 부족한 염분을 채우려고 온 모양 이었다. 소금 사막에서 펼쳐지는 사진 예술의 최고를 만났다. 사막 한 중간에 볼리비아 정부가 사용하다 버린 폐열차를 활용한 기차무덤이라는 곳이 있는데 사진 촬영지로도 유명한 곳이었다.

7월 26일 우유니 사막에서 볼리비아의 행정수도 라파스로 이동하면서 간헐천, 노천 온천등지를 체험했다. 사진이나 TV 화면으로

만 보던 화산 지형을 직접 보니 신기하기도 했지만 두렵기도 했다. 세계에서 화산과 지진 활동이 가장 활발하다는 환태평양 조산대 위에 서 있는 기분이 참 묘했다. 멀리 보이는 안데스 산맥의 만년설을 이고 있는 모습에 위로를 받아본다.

7월 27일 드디어 수도 라파스에 도착하여 자유여행을 즐겼다. 워낙 고산 지역이라 속이 안 좋고 머리가 어지러웠다. 약간의 고산병이 생긴 것이다. 하긴 구름이 눈 밑으로 펼쳐지니 꼭 높은 산 위에 등반한 기분이 들었다.

볼리비아의 수도이자 최대 도시인 라파스는 3,600m 고산지에 건설된 도시이지만 서쪽 지역은 4,150m에 달해 세계에서 가장 높은 지역에 위치한 수도이기도 한 곳이다. 또 세계에서 가장 높은

케이블카가 있는 도시이기도 하다.

 티티카카 호수에서 흘러내린 라파스 강 주변의 분지에 위치한 이 도시는 대통령궁과 국회 의사당, 정부 청사, 대성당 등 오래된 건축물들이 우리를 반겼다.

 볼리비아 여행의 마지막 날, 축구를 유달리 좋아하는 로드리고(투어 리더) 심정을 누구보다 잘 알고 있었던 영국인 하리의 유니폼 선물 증정식이 있던 저녁. 로드리고도 눈물을 흘렸다. 물론 로드리고도 조그마한 기념품(제주도의 망부석 비슷한 것, 열쇠 고리)을 우리 15명에게 모두 선물했다. 하리도 격한 감정을 억누르지 못해 눈시울이 같이 붉어졌다. 지켜보는 우리들도 짠하고 가슴이 울렁거렸다. 나이가 제일 많은 내가 주동이 되어야 하는데. 어쩌다보니. 그러지 못하여 쥐구멍이라도 들어가고 싶은 순간이었다.

7월 29일 재배하는 감자만 400종이 넘는다는 감자의 원산지 페루의 수도 리마에 도착했다. 적도 부근에 위치하여 바다 해류 영향으로 2월 기온이 평균 22도로 가장 높고, 8월이 15도로 가장 낮아 예전부터 많은 인구가 유입되었으며, 스페인 남미 식민지 총독부가 위치할 만큼 안데스 지방에서 가장 큰 도시이다. 이곳은 1551년에 설립된 남미에서 가장 오래된 산마르코스 대학과 궁전, 교회, 박물관, 미술관 등 옛 건축물이 많아 유네스코 지정 세계문화유산으로 지정 되었다. 수많은 다국적 기업 본사가 위치하고 있다. 리마 시내를 후딱 둘러보고 야간버스 타고 쿠스코로 향했다.

7월 30일 14시 30분 쿠스코 도착하여 거리의 화가를 만났으며 명화 2장을 샀다. 원형 광장에서는 누가 틀어놓은 음악소리에 주민들이 춤을 추고 있었다. 야시장에서는 각종 장신구, 귀걸이 , 목걸이 등 민속품을 팔고 있었다.

쿠스코는 해발 3,400m 고지에 위치한 잉카 제국 수도로 한 때는 일백만 명이나 거주 했다고 했다. 쿠스코는 원주민 언어인 케추아어로 세계의 배꼽이라는 뜻으로 도시 전체 모양을 퓨마 형상

으로 만들었다고 했다. 옛날 금박을 입힌 성벽과 보석이 달린 정원의 조각상들은 황금을 찾아 이곳으로 온 스페인 정복자 프란시스코 피사로를 흥분 시켰으며, 그와 함께 온 88명의 약탈자들에 의해 잉카 문명은 약탈당했다고 했다. 그럼에도 불구하고 성당 지하에 침략자인 피사로의 미이라가 안치되어 있다니 정말 기가 찰 일이다. 황금에 눈이 멀어 소중한 문화와 생명을 앗아간 유럽인들이 왠지 미워졌고, 같이 동행한 유럽 친구들도 선조들의 죄를 뉘우치는 듯 고개를 숙였다. 혼자 호텔 룸에서 사치를 부리며 마음껏 잠에 취했다. 이 때 만큼은 코를 골아도 좋았다.

7월 31일 쿠스코에서 마추픽추로 향해 출발했다. 구불구불한 위험천만한 길을 돌고 돌아가는 여정에 혹시나 싶어 겁이 났지만 그렇다고 부끄럽게 티를 낼 수는 없었다. 저 밑에 멀리 내가 도착한 기차역이 멀리 보일 때 쯤 겨우 도착해 안도의 한숨을 내쉴 수 있었다.

　태양의 도시, 공중의 도시, 그리고 잃어버린 도시 이것이 바로 마추픽추를 가리키는 말이다.

　주위를 빙 둘러 싼 기암절벽과 천 길 낭떠러지 우루밤마 강의 우렁찬 물소리, 열대우림의 무성한 정글이 공중에서 밖에 볼 수 없었다는 전설을 만들어 냈다고 한다. 1911년에야 발견된 이곳에는 20톤이나 되는 산의 바위를 깎아 수십 킬로미터나 떨어진 산으로 옮겨 집과 신전을 지었다고 했다.

열차 승객이 이미 다 찼다는 현지 여행사들의 소식에 화들짝 놀라면서 한국인을 상대하는 관광사를 운 좋게 찾게 되었다. 총알 택시를 타서 열차를 타라는 것이었다. 물론 추가 경비는 들었지만 쿠스코에 와서 마추픽추를 못 본다는 것은 말이 안 되는 것이었다. 겨우 도착해 상담을 받는데 다른 한국인들이 많이 보였다. 마추픽추는 정말 장관이었다. 빼곡하게 사람의 홍수 속에 봉고 버스는 부지런히 승객을 이동시키고 있었다. 친절한 현지가이드 2명이 접근하면서 상세한 설명을 해주겠다고 했다. 역시 현지인이 친절한 사람이 많다고 생각이 들 찰나 경비 50달러를 요구하는 바람에 대실망을 하고 말았다. 하지만 유적을 보는 순간 역시 오기를 잘했다는 생각이 들었다. 내려가는 시간도 있고 해서 2시간 이내에 끝내자고 생각했다.

마추픽추는 역시 명성그대로였다. 돌아보는 데는 1시간 남짓이면 충분했다. 어떻게 이렇게 높은 지대에 살 수 있었는가? 폼페이

유적에서 본 듯한 관개수로가 보였다. 물의 원리 즉 높은 곳에서 낮은 곳으로 흐른다는 것. 약간의 경사에서지만 말이다. 잉카인의 과학적 감각에 경탄 할만 했다.

오두막 전망대에서 바라본 마추픽추는 사방이 험준한 산과 계곡에 둘러 싸여 있어 마치 도시 전체가 하늘에 떠 있다는 착각이 들 정도였다. 잉카인들이 사용 했다는 언어인 케추아어로 늙은 봉우리라는 뜻인 마추픽추는 거대한 바위 산 사이에 자리 잡고 있었다.

태양신을 섬긴 잉카인들답게 태양에 관계된 유적들이 참 많았는데 태양을 잇는 기둥이라는 뜻을 지닌 인티우아타나가 가장 눈길을 끌었다. 해시계 역할을 한다고 알려진 이 유적은 태양을 붙잡아 두는 역할을 한다고 잉카인들은 믿었으며 이곳을 매우 신성시 여겨 모든 의식을 이곳에서 치렀다고 했다. 인티우아타나 밑으로

  중앙 광장이 있고 그 중앙에 가장 핵심적인 건물인 태양 신전이 있는데 커다란 바위 위에 부드러운 곡선으로 돌을 쌓은 독특한 모양을 자랑하고 있었다. 태양 신전에는 두 개의 창문이 있는데 아침에 떠오르는 태양이 이 창문을 정확히 통과하게 만들었다고 하니 정말로 잉카인들은 태양의 후예들인가 싶기도 했다.
  약탈자인 스페인 군인들의 눈에서 사라져 1만 여명이나 이곳에 숨어 산 잉카의 후예들은 어떻게 몰래 이 큰 바위들을 옮기고 재단했을까? 아무리 생각해봐도 불가사의한 일이다. 바로 옆의 도시 쿠스코가 약탈자에게 망가졌는데 말이다.
  잉카인이 건설한 도시라는 사실 외에는 아직 명확하게 밝혀진 것이 없는 유적지인 마추픽추는 그 자체만으로도 신비했으며 아마 영원히 그 신비함을 간직할지도 모른다는 생각이 들었다.

15

긍정과 너그러움을
가득 채워 고국으로

비움에서 채움으로

        8월 1일 쿠스코에서 국내선으로 리마를 경유하여 LA에 도착하여 하룻밤을 묵고 이튿날 LA공항에서 06시 40분 출국하여 밴쿠버에 도착, 에어 캐나다 인천 행을 타고 서울로 향했다.

  76일간의 아메리카 여행을 오늘자로 종료했다. 길다면 긴 여행을 마치고 돌아오면서 난 많은 생각에 빠졌다.

  사람 사는 것은 세계 어디든 똑같다. 피부색, 언어, 문화, 먹는 것이 다를 뿐이다. 우리는 우물 안의 세계에서 탈피하여 열려있는 마음을 가져야 한다고 생각한다. 편한 것을 추구하기 위해 여행을 가

는 것은 아니다. 여행에는 잠재하는 많은 위험이 있을 것이다. 심지어 여행에서 죽기도 하고 강도나 지진을 만나서 불귀의 객이 되기도 한다. 돈은 큰 의미가 없다. 여행에는 서로에 대한 배려가 필요하다고 생각한다. 외국에 나가서까지 네 것 내 것을 굳이 따져야 할까? 좀 손해 보고 살면 안 되나? 내가 베풀면 다시 돌고 돌아 나에게로 반드시 다시 올 것이다. 일단 내가 해야 할 것이 무엇인지 생각해보고 어려운 이웃을 만나면 내 아버지로 생각하고 내 아들, 딸로 여기고 돌봐야 할 것이다.. 우리는 모두 같은 행성에 사는 지구인이기 때문이다.

우리의 시간은 너무 유한하다. 이제 하늘에서 부를 때 조용히 모든 것을 놓고 가야한다. 많은 돈을 가져갈 수 있나? 돈은 있다가도 없고 없다가도 있는 게 돈이라는 것이다. 내 자신의 정신 수양이 먼저 선행되어야 하지 않을까? 여행의 순수함은 도외시 된 채 여행 외적인 것에 신경을 써서 피폐해진 건 아닐까?.

기분 좋은 여행을 하고 이렇게 글을 쓰는 나의 마음은 이미 평온

하다. 시간의 부족 속에 여행기를 낸다는 것은 정말 힘든 일이 라는 사실이 나를 압박하고 있다. 하지만 누구나 책을 쓸 수 있다는 희망의 증거가 되기 위해 이렇게 펜을 들어 본다.

마지막으로 하고 싶은 이야기는 한 살이라도 젊었을 때 여행을 다녀오라고 권하고 싶다. 세상은 넓고 돌아다닐 구석은 많다는 것이 제 지론이기 때문이다.

지나간 시간을 들추어낸다는 것은 힘든 일이다.

그것이 아픔의 시간이 되었다면 그것은 더욱더 말하기 힘든 일일수 있다.

하지만 난 좋은 기억만을 남겨놓기로 했다.

캐나다는 서부와 동부를 여행했지만 서부는 순전히 현지 여행사로 관광을 했고, 동부는 허클베리핀 테마 여행으로 투어 리더와 자유 여행 했다. 물론 미국 대륙 횡단과 남미 대륙 횡단은 모두 트렉아메리카 프로그램에 참여하여 자유여행을 했다.

국내에도 20년 전에 시작된 47년 전통의 트렉아메리카를 통해 지금도 많은 여행자가 참여하고 있다. 내가 직접 트렉아메리카로 태평양에서 대서양까지 그리고 다시 태평양까지 대륙횡단을 해보니 기왕이면 트렉아메리카로 깊이 있는 해외여행을 하라고 권해 드리고 싶다.

사실 남미를 횡단하면서 낯설고 서툰 영어에 당황했다. 상대방의 말을 알아듣기 힘들 때 왜 내가 사서 고생하지? 라는 생각도 들었지만 이것도 나를 위해서라는 암묵적인 메시지를 내 자신에게 계속 불어넣었다. 그러자 어느 정도 영어도 들리고 내 자신에게 자신감을 느낄 수 있었다. 특히 척박한 환경을 탓하지 않고 환경에 순응하면서 순박한 삶을 사는 볼리비아 및 페루사람을 보면서 나약한 내 자신을 돌아보는 계기가 되었다.

또 나는 정말 행복한 사람이구나 하는 생각을 하게 되었다.

일상생활에서 받았던 많은 스트레스를 이 여행을 통해 날려 버리고 이제 힘찬 제2의 출발을 다짐해 본다.

인간을 압도하는 자연을 보며 좀 더 겸손 해지고 아름다운 광경에 더 세상을 긍정적으로 바라보며 살아갈 것이다. 또 여러 낯선 사람들과 여행을 함께하며 자연스럽게 늘어난 시선으로 세상 사람들을 여유 있고 너그럽게 바라볼 것이다.

Since 1972, 46년 전통 고품질 안전여행

영국여행사협회 공인 미국여행 부문 1위! 트렉아메리카 2010 ~ 2014년 금상 수상!

안전성 / 여행가치 / 행복감 등을 고려한 미국을 대표하는 최고의 미국여행사는 트렉아메리카(TrekAmerica) 입니다.

한국일보 〈2015 대한민국 서비스 만족 대상〉 자유여행 부문 허클베리핀 수상!! 우수한 미국여행 상품 트렉아메리카와 최고의 컨설팅 서비스 품질 허클베리핀이 함께 합니다.

47년 전통, 사고율 0% 육박, 완벽한 여행안전 매뉴얼, 미국과 영국의 안전관련 법체계는 트렉아메리카 안전의 원천! 트렉아메리카 여행핵심은 여행전문가 투어리더가 이끄는 완벽한 여정과 안전관리 시스템입니다!

세계 최고수준 투어리더를 양성하는 깐깐한 교육체계는 100% 미국인으로 구성하여 끊임없는 체계적 교육과정, 수십 년 경력 투어리더, 고객 피드백, 수준별 투어리더 관리로 여행자 안전과 즐거움을 100% 책임집니다.

100% Fun 루팅 = 대도시 + 대자연 + 중소도시

01 대도시 : 세계 최고의 거대도시 '뉴욕'
02 대자연 : 아메리칸 원주민, 나바호의 성지 '모뉴먼트 밸리'
03 중소도시 : 미국 독립의 요새 '샌안토니오'

대도시 뉴욕, LA, 샌프란시스코, 라스베가스, 시카고, 밴쿠버, 퀘벡.. 소도시 산타페, 투싼, 툼스톤, 빅서, 쿠스코 등 소도시.. 대자연 그랜드캐년, 요세미티, 나이아가라과 이과수까지!

트렉아메리카 루트는 대도시 + 소도시 + 대자연으로 구성된 최적 여정입니다. 여행자와 투어리더 조정으로 루트 변경도 가능한 유연한 여행을 통해 진짜 자유를 즐기세요!! 충분한 자유시간에 '내 스타일' 여행을 하면서, 평생의 다국적 외국인 친구도 만납니다.

떠비채 | 나고 우며 우다

3인 3색

다영이와 함께 사랑을 채우는
트렉아메리카

고진석

프롤로그

나는 바라지 않는다.
나는 아무것도 두려워하지 않는다.
나는 자유다.
• 조르바

진정한 여행

나는 아침에 일어나 현관 앞 흔들 소파에 앉아서 먼 산을 보며 마시는 모닝커피가 좋다. 정원에는 내가 좋아하는 해송이 아름다움을 뽐내며 서 있고 어머니가 소박하게 심어 낸 들꽃이 가득하다. 바로 앞 시냇물 흐르는 소리와 이름 모를 새의 재잘거림은 비록 인스턴트 커피일지라도 커피 맛을 지켜 준다. 커피와 자연, 여행과 독서, 그리고 영화는 나를 키워준 8할이다. 숨이 턱에 닿도록 바삐 살다가 이제야 자신을 돌아보고 새로운 희망을 찾는다.

고리타분한 질서는 싫다. 아이들이 개성 없이 입시로 내몰려진 상황도 싫다. 내가 고리타분해지는 것도 싫다. 인간이 만들어 온 문화는 존중하지만, 지배하기 위해 만든 무거운 짐들은 싫다. 어차피 한 번 뿐인 인간으로서의 삶이라면, 나를 위해 살고 싶다. 내가 좋아하는 것을 하고 내가 사랑하는 사람을 사랑하며 내가 잘하는 일을 하면서 깊은 자아를 찾고 그 자아의 삶을 살다가, 살다간 흔적 약간만 남기고 싶다.

오랜 동안 여행하며 깨달은 것은 즐기며 살자는 것인데, 정작 하루하루 반복되는 일상으로 즐기는 것에 인색했다.

살아가다 보면 힘든 일은 매일 찾아온다. 직장에서, 가정에서 혹은 친구와 혹은 자신으로부터 생기기도 한다.

그래서 인생은 고난의 연속이라고 하는 것 같다. 이것이 결국 일상이 되고, 우리는 그 일상으로부터 일탈할 수 있는 여행을 떠나게 된다.

멀고 긴 여행을 위해 즐겁게 짐을 싸고, 그 무거운 짐을 멘다. 설렘으로 걷고 또 걷는다. 매일 낯선 사람을 만나고, 낯선 음식을 먹으며, 낯선 여행지에 도착한다. 때로는 텐트에서, 때로는 차 안에서, 때로는 럭셔리한 호텔에서, 때로는 호스텔이나 모텔에서 잠을 청한다.

낯선 곳에 가면 그 여행 기간 동안은 일상으로부터 멀어진다. 그러나 여행이 끝나면 우리는 다시 바로 그 일상으로 돌아와야 한다. 그렇게 일상은 매일 반복되는 것이다.

나는 이렇게 생각한다. 여행을 즐기고, 그 즐긴 여행 경험을 일상 속에서 자주 생각하면서 일상의 에너지와 활력으로 삼아야 한다고. 나아가 그 여행 경험으로 제 일상을 바꾸고 변화시켜 어제보다 조금이라도 더 나은 일상으로 만들어야 하는 것이다.

여행자가 되는 것은 어렵지 않다. 우리는 어딘가로 떠나서 무엇을 보고, 무엇을 배우며, 무엇을 느끼는가? 도대체 여행이란 무엇인가. 여행은 사람이 만든 역사와 문화, 사회와 삶을 이해하기 위한 직접적 체험이어서 이런 체험들이 포함된다면 여행일 수 있고,

그렇지 않다면 관광 혹은 구경을 하고 있는 것인지 모른다. 여행은 인간이 수천 년, 수만 년간 만든 건축, 종교, 생활, 역사, 예술, 의식, 경제, 정치, 외교, 사회, 대자연의 경이, 미스터리, 삶의 가치, 풍요와 가난 등 다양한 인간 역경과 발자취를 이해하여 새로운 것을 창출하게 돕는다. 백문이 불여일견은 그래서 진리라 할 수 있다.

여행은 어떻게 살아야 하는가를 생각하게 하고 깨닫게 하는 수행이다. 한 겨울 살을 에는 지리산 추위도, 맨해튼 센트럴 파크 뉴요커의 여유로운 삶도, 태국 끄라비 피피 섬 달콤한 휴식도 우리를 인생으로 이끄는 것도 여행이요, 세계 각국의 다양한 사회를 느끼고 독특한 문화를 느끼며 다양한 삶과 다름의 미학을 배우는 것도 여행이고, 역사와 세계사, 문화와 예술, 종교와 신화들에 대한 독서로 사전 지식을 익인 후, 인간의 표정과 살아있는 역사를 느끼러 가는 것도 여행이다. 폭넓은 예술분야, 다양한 종교와 문화를 공부하는 것은 즐거운 일이지만 종종 힘에 겹다. 공부하고 문화를 이해하는 견문 과정은 저 멀리 진정한 여행길로 인도하는 피할 수 없는 여행 요소이다. 어떻게 사는 것이 참 인생인가는 교육 되어진 차가운 이성 보다는 나를 찾게 하는 따듯한 가슴인지도 모른다. 지배계층이 만든 수많은 개념과 이념보다는 세상을 둘러보며 깨달은 열린 마음과 자연스러움이 더 나을 수 있는 것이다.

가난한 나라를 여행한 후 가난의 폐해를 생각하고, 풍요로운 나라를 여행한 후 그들의 여유를 내 삶에 접목시킨다. 인생과 여행에는 수만 가지 길이 있다. 그 수만 가지 길에서 또 수만 가지 길이 나타난다. 인생이 여행을 하면, 내가 알고 있는 지식과 경험만이 아니라 나를 위한 진정한 길과 행복한 삶을 마주하게 된다. 그래서 여행은 누구나 떠나야 하며 인생을 위한 값진 선물을 준다. 그렇게 여행은 행복을 향한 나만의 길을 만들어준다.

진정한 여행이 되려면, 좋은 여정, 알고 가는 것(견문), 즐거운 체험과 감상 등 4가지 요소를 구성해야 한다. 구경과 관광을 하는 단계에서 직접 체험하는 여행단계에 이르면, 탐험과 모험을 즐기며 삶과 세상을 바꾸는 성숙한 수행단계로 진행된다. 중요한 것은 떠나는 것을 오래하다 보면 자연스럽게 나아진다는 것이다. 게다가 최근 2년간 지방 행정 연수원에서 나라를 바꾸는 여행을 자문하면서 큰 보람을 느낀다. 우수 여행 상품 심사를 하는 것과 대기업 글로벌 리더십 컨설팅을 하는 것과는 사뭇 다르다.

다만 31년간 여행만을 고집한 필자의 조언을 고려한다면, 독자는 더 빨리 진정한 여행 단계로 나아갈 수 있을지 모른다. 그리고 해외여행 전에 우리나라 서울과 지리산, 경주와 안동 그리고 강진 등지를 직접 내 나라 여행 한다면 더 의미 있는 해외여행이 될 수 있다. 서울의 창덕궁과 홍인지문을 여행하고, 지리산 노고단에서 천왕봉까지 트레킹하자. 그러면 다른 나라의 무엇을 보고 느껴야 하는지 절로 알게 된다.

내가 좋아한 것은 관광 상품이 아닌 자유 여행과 문화 탐방이었다. 여행 상품을 어설프게 만들고 싶지 않았다. 그러던 중 대학시절 미국 배낭여행을 하면서 경험한 '트렉아메리카'는 진짜 여행이 무엇인지 깨닫게 해 주었다. 이를 한국 여행자에게 소개하고 싶어 2005년 '트렉아메리카 한국 마케팅'을 맡게 되었다. 나에게 떠난다는 것은 희망이자 설렘이다. 여행에서 돌아오면, 다음 여행을 희망하며 준비하고 기대한다. 그리고 내가 소개한 여행으로 고마워

하는 여행자를 보면 즐겁고 보람이 넘친다. 이제 나는 큰 것 보다는 알찬 것을 쫓는다.

여행은 나를 성숙하게 했고, 더 편안하게 했으며, 더 자연스럽게 해 주었다. 어린 시절 방과 후에 친구들과 산과 들에서 뛰어 노는 것이 좋았고, 모두 잠든 토요일 밤 토요명화가 좋았다. 청년이 되어 산악회에 가입해 주말마다 어설픈 클라이머가 되었고, 여행가가 되려고 답사 동아리 만들어 방방곡곡 여행했다. 첫 미국 배낭여행 후, 국내 최초로 Daum에 미국 여행 카페(카페명: 미국 여행 떠나기)도 만들었다. 대기업과 중견기업에서 일해 봤지만, 역마살은 어쩌지 못해 여행을 떠나고픈 마음을 다스릴 수 없어 험난한 여행사로 전직을 감행했다.

나는 여행가이다. 여행가는 나의 여행과 다른 여행자의 여행을 위해 여행하는 사람이며 그것이 여행의 목적이 된다. 이 책이 여행자를 좋은 여행으로 인도할 수 있다면 여행가의 작은 소명 하나를 이루게 될 것이다.

나는 이 책을 읽는 독자가 관광 보다는 진짜 여행을 해 보기를 권하는 마음으로 쓴다. 어린 시절 엄마와 떠난 여행에서 먹은 시골 장터 짬뽕은 아련한 기억이 되었다. 외갓집 친구들과 멱을 감다가 죽을 뻔 했지만 친구들은 날 구해 주었다. 그 애들은 나무 한 지게를 메고 산등성을 비호처럼 날았고, 산과 들이 주는 먹을거리를 나누어 먹었다. 열여덟에 대전 발 여수행 새벽기차를 타고 떠나면서 시작한 나만의 여행은 어느덧 31년 세월이 흘렀다.

여행의 한 자락을 잡고 여행에 빠져든 삶이지만, 이제 여행은 인생이 되어 나를 놓아주지 않는다. 나만의 여행을 떠났다가 스물다

섯 늦깎이 대학생이 되어 여행을 공부했는데, 이제는 타인의 여행을 위한 여행을 떠나곤 한다. 수 없이 여행이란 무엇인가를 생각했고, 삶이란 무엇인가를 생각했다. 그러다가 스물여덟 첫 번째 해외여행인 60일간의 미국 배낭여행에서 많은 답을 얻었는데, 태평양을 보며 시작한 여행이 대서양을 만나니 여행에 대한 많은 스토리를 남겼다.

한 해 동안 천만 명 이상이 해외로 떠나고, 천만 명이 넘는 외국인이 대한민국을 방문할 만큼 관광과 여행은 삶의 일부로 자리매김 되었다. 한국인처럼 등산을 좋아하는 민족이 과연 있을까? 세계적인 여행지 그랜드 캐년 방문자 수와 설악산 방문자 수는 크게 다르지 않다. 그런데 뉴스에서는 등산객을 행락객이라고 부른다.

호기심은 관광을 떠나게 하고, 관광객은 여행자가 되며, 여행자는 탐험가가 된다. 행락과 관광은 무엇이 다르고 여행과 탐험은 어찌 다른가? 여행사가 준비한 여정에 따라 여행지 여기저기를 둘러보고 수동적으로 체험하는 것을 관광이라 칭한다. 여행은 여행지의 사회문화를 스스로 공부하여 낯선 길을 스스로 걷고 불편한 환경 속에서 많은 것을 체험하여 삶의 변화를 이끄는 역동적 밑거름을 쌓아가는 능동적 체험이라 할 수 있다. 최상급 반 여행이라 할 수 있는 탐험은 알 수 없는 미지의 세계를 위험까지 감수하며 자연과 인간을 이해하기 위해 떠나는 극한의 모험이자 수도라 할 수 있다. 에베레스트 등반, 존 뮤어 트레일 트레킹, 남극 탐험과 아마존 정글 탐험 등이 좋은 예가 아닐까 싶다.

우물 안 개구리가 아닌
우물 밖 개구리

대학 입시를 준비하던 어느 따스한 날, 선생님은 문득 〈친일파 99인〉이라는 책을 추천하시며, 꼭 읽어볼 것을 당부하셨다. 그런 선생님 당부 때문이었는지, 서점에 들러 책을 사서 읽게 되었다. 아마도 이 책을 읽으면서 사고의 전환이 시작된 듯하다. 책에 따르면 1910년 8월 29일 일제가 우리를 식민지로 만든 그 날 이후, 많은 우리문화가 파괴되었고, 우리사회를 지탱할 수 많은 인재가 35년간 400여만 명이 희생되어 전통의 맥이 끊겨 살려내기 어려운 지경이었다. 결국 남아있는 것조차 남북분단과 한국 전쟁으로 많이 소멸되어 수천 년 이어온 아름다운 미풍양속과 문화도 일본 문화와 서양 문화가 뒤섞여 전통성을 상실했다.

기억되지 않는 역사는 반복된다고 했다. 국권을 잃었다는 것과 어쩌다 잃었는지를 기억하지 않는다면 우리는 또 다시 그런 비참한 체험을 할지도 모른다. 이것이 내가 그 책을 보고 내린 결론이었다.

일본을 몰라서 당했던 것처럼 강대국을 제대로 알아야겠다고 생각했다. 강대국을 알기 위해서는 여러 가지 방법이 있겠지만 여행을 즐기고 좋아하는 나에게는 여행을 함으로서 그것을 알 수 있을 것 같았다. 거기에다 여행은 견문이 필수라고 유홍준 교수의 '나의 문화유산 답사기'가 제시해 주고 있었다.

그래서 첫 배낭 여행지를 선정하며 신중할 수밖에 없었는데, 요즈음 미국을 위협하며 한참 뜨고 있는 중국을 여행할 지, 아직까지는 어느 나라와도 비교할 수 없는 슈퍼 강대국 미국을 여행할

지 고민했지만, 결국 슈퍼 강대국 미국으로 정하고 3년 준비 끝에 1998년 캐나다와 멕시코 일정을 포함한 60일간의 미국 배낭여행을 떠나게 되었다.

인간은 학교에서 실패하지 않는 방법을 배우고, 사회에서 실패하며 배운다고 한다. 배울 수 있는 여행을 떠나자고 다짐하며 닥치는 대로 미국에 대한 공부를 하기 시작했다.

정치학과에서 한미관계와 미국의 대외정책을 공부하고, 경제학과에서 세계 경제의 모순을 공부하며, 관광 경영학과에서 여행과 관광을 공부했다. 전국 방방곡곡을 무던히 여행하며 여행 수행능력을 전투에 임하듯 키웠다. 틈틈이 북미 원주민 역사와 유럽사를 공부했고, 독립 이전과 이후를 포함한 미국 역사를 공부했다.

또한 배낭여행에 대해서도 수많은 생각을 해 보았다.

배낭여행은 젊은이의 향유가 아닌, 젊은 마음의 여행자가 선택한다. 8세의 어린 아이도 떠날 수 있고, 80세의 어르신도 배낭여행을 한다. 그러나 여행의 고단함을 감당하기 어려운 젊은이는 할 수 없는 것이 배낭여행이다. 어쩌면 배낭여행은 누구나 한 번쯤 겪어야 하는 사춘기인지 모른다.

배낭여행을 하면서 자유로운 나를 느끼고, 나를 위해 즐기며, 인생을 즐기는 방법을 찾는다. 진정한 즐거움은 진짜 나를 찾은 다음에 가능하지 않을까. 한 달 혹은 그 이상 여행을 하면서 지금의 나, 앞으로의 나, 즐거운 나를 만나야 한다.

떠나고, 비우고, 채우는
배낭여행.

　　　　　　　배낭을 메지 않고 캐리어를 끌고 다니는 배낭여행도 좋다. 배낭을 메거나 배낭 무게가 중요한 게 아니라 배낭여행 본질이 중요하기 때문이다.

　이제 힘든 배낭여행 하지 말고, 즐거운 배낭여행을 해야겠다.

　현지 문화도 즐기고, 맛 집에서 그 나라 음식도 즐겨보면 좋겠다. 여행하다 만난 사람과 친구 되어 맥주 한 잔 하고, 그 나라 사람들이 살아가는 속에서 즐거움을 배워보자.

　진짜 배낭여행은 나이와 체력이 아닌, 마음을 여유 있게 열 수 있는 여행자가 하는 것 같다.

　할리우드 영화 탓인지 CNN 탓인지 총, 강도, 폭발, 거친 미국인 등 미국에 대한 이미지는 여전히 좋지가 않다. 여행을 떠나자니 해보라는 사람은 없었고 말리는 사람만 많았다. 그때는 인터넷 카페도 지식인도 없었다. 1998년 12월 31일 늦은 밤, 미국 배낭여행을 시작한 보름만에 우여곡절 끝에 미시간 주 밀워키에서 내 인생의 전환점을 맞는다. 온라인 예약 시스템이 없던 그 시절엔 무작정 유스호스텔을 찾아가야만 했다. 그러나 겨울에는 손님이 없어 문 닫는 유스호스텔이 많았다. 밤 10시가 넘어 겨우 찾아왔건만 유스호스텔은 문이 닫혀 있었다. 아뿔싸! 난감했다. 교통 수단도 끊긴 이 늦은 밤 어디에서 잔단 말인가! 이미 대한민국 전국 방방곡곡을 유리걸식하며 여행한 나는 따사로운 실내등이 비추는 한 가정집에 찾아가 자초지종을 설명 후 재워달라고 부탁했다.

　예상과 달리 그들은 안타깝지만 안 된다고 정중히 거절했다. 파티가 있어 도울 수 없지만, 일단 들어오란다. 쿠키와 따듯한 코코아를 마시고 나니 한결 편하다. 50대의 아버지와 아내, 딸과 아들들은 밀워키 숙소 여기저기 전화하며 내가 묵을 곳을 찾았다. 그렇게 찾은 호텔은 멀리 공항 근처에 있었고, 데려다 주겠다며 길을 나선다. 그는 자동차 세일즈맨이었고, 그 비싼 호텔 숙박비도 내주고 너무 미안하다며 다음날 밀워키 여행도 시켜주는 믿지 못할 호의를 베풀었다. 얼떨결에 가난한 배낭여행자는 모든 것을 받았고, 난 여전히 그들을 잊을 수 없다. 그리고 대서양을 마주한 뉴욕에서 트렉아메리카 남부 횡단여행 'Southerner'를 참여하여 대도시, 소도시, 대자연 등 미국의 속살과 그들이 누구인지 깊이 또 깊이 느낄 수 있었다. 이후 밀워키의 친절과 트렉아메리카 여행은 내 인생을 바꾸는 계기가 되었다.

미국 밀워키에서 특별한 잠자리를 주신 친절한 아저씨와의 하루와 보스턴에서 2박 3일 머물며 서로 공감했던 어느 젊은 부부와의 추억과 트렉아메리카 여행 중 친해진 중국인 변호사 친구, 그리고 호주 대학생은 잊을 수가 없다.

지난 20여 년간 만난 수 많은 외국인 친구들은 영화의 한 장면처럼 추억의 방 한 켠에 자리 잡고 있어 내가 힘들 때면 그 방으로 가서 그 시절 좋은 추억으로 돌아 가 본다.

그런데도 국내에서는 여전히 외국인은 편하지만은 않다. 그러나 외국에서는 현지인과 어울리다 보면 여행이 더 즐겁다. 대부분 작은 도시나 마을에서 살아서 순박하고 친절한 편이라서 사귀기 쉽다. 특히나 요즘은 '비정상 회담'이나 '서울 메이트' 같은 외국인 친구들과 어울리며 여행하는 프로그램이 많아서 예전보다 외국인과 편하게 어울리는 것 같다 너무 좋다.

우리 영어 수업 시간처럼 부담 가질 필요 없이 내가 할 수 있는 만큼의 영어 실력으로 대화를 나누면 된다.

그들도 한국인에게 영어가 불편한 언어인 줄 알기에 고려해서 대화해 준다.

해외 여행지에서, 레스토랑에서, 대중교통 안에서, 공항에서, 현지 트렉아메리카 여행 중에 그들과 쉽게 말하고, 어울려 본다면, 그 나라와 도시를 여행하는 특별한 체험이 될 것이다.

백문이 불여일견

취업하여 일상에 젖었던 나는 한국 사회에 미국에 대한 오해가 많다는 사실이 안타까웠다. 밀워키의 친절한 미국인 아저씨에게 작은 은혜를 갚는 심정과 미국 여행에 대한 나의 경험을 알리려고, 2001년 Daum에 〈미국 여행 떠나기〉라는 카페를 만들어 내가 아는 미국에 대해서 소개하기 시작했고, 최초로 미국 여행 커뮤니티를 만들어 이제 18년이 되었다. 아예 2003년 '미국 전문' 여행사 〈허클베리핀〉을 만들어 미국 여행 전문가를 양성했다. 2006년 '미국 여행 정보센터(www.go2america.net)'를 오픈했고, 2016년 '허클베리핀 여행학교'를 시작했으며, 이제는 〈미국 여행 전도사〉가 되어 미국 여행을 안내하는 '가이드북'까지 출판하게 되었다. 이렇게 미국 여행은 내 인생이 되었다.

미국의 정치와 외교, 문화와 예술, 사회와 복지, 산업과 경제 등을 책으로 공부하고 이해하는 것은 쉽지 않다. 그러나 효과적인 여행 루트를 효율적으로 여행하다보면, 체험과 체험이 쌓이면서 더 쉽게 머리가 아닌 다리와 가슴으로 이해할 수 있다.

미국은 독립전쟁 전후로 250여 년 동안 탄탄한 정치구조를 형성하여 지금껏 발전시켜왔고, 루이지애나를 매입하면서 세계에 제 목소리를 내며 강대국 중의 강대국 반열에 올랐다. 거기에다 서구와 아시아 등 전 세계 문화와 예술이 뉴욕에서 융합되어 훌륭한 예술 문화를 선도하는 선진국이 되었다. 오바마 대통령은 강력한 의지로 건강보험 복지 시스템을 통과시켰고, 미국의 주택과 자율적 사회구조는 모범이 되고 있다. IT산업과 서비스업은 금융위기 후 그 경쟁력을 회복시켜 강화될 것으로 예상되는데, 미국의 주요 명문대학들이 이를 훌륭히 받혀줄 것이다. 최근의 미국 경제는 세계에서 가장 견고한 성장세를 이어가고 있다. 특히 많은 전문가들이 중국의 정치체제 한계로 인해 중국이 미국과 경쟁을 제대로 하는데 40~50년이 걸릴 것이라고 예상하고 있다.

미국은 세계 GDP의 25%를 차지하고 국방력 1위의 세계 최강대국이다. GDP는 13억 중국의 3배 수준이며, 중국, 일본, 독일, 프랑스 등 4개국 GDP를 합한 것과 비슷하다. 250년 역사, 인구 3억의 미국이 문명의 발원이자 16억의 4대 강대국과 맞먹는 수준인 것이다. 그렇게 시작되는 카페의 글은 20여 년 미국 여행으로 풍월을 읊을 정도다.

미국에는 한국이 있고, 한국에는 미국이 있다. 남북관계와 북미관계는 동아시아 핵심 이슈일 뿐만 아니라, 한반도 안정과 남북한 민초들 삶에도 중요한 변수이다. 북한의 광명성 3호 발사와 핵개발은 북미관계는 물론 남북관계, 6자회담에 적신호를 줄 것이다.

그러나 올해 개최된 평창 동계올림픽은 남북관계, 북미관계, 한일 관계, 한·중·일 관계 등에 다양한 변수로 작용될 게 틀림없다. 특히 미국 대통령 선거는 한반도의 역사에 지대한 영향을 줄 것임에 틀림없다.

미국 경제가 흔들리면 한국은 물론 세계 경제가 휘청대며 구제금융에 들어간다. 미국의 이란 제재는 한국 에너지 정책에 방향성을 뒤흔든다. 미국이 일본에 공급한 최신 무기는 한국 국방 전략에 치명적일 수 있다. 애플의 아이폰과 페이스북은 아랍의 봄으로 국가 질서를 재편했고, 뉴욕의 패션은 세계를 이끈다. 이처럼 미국의 수많은 현상과 결정은 한국과 세계에 지대한 영향을 주므로 우리는 미국에 대하여 관심을 갖고 이해하고 대비하는 선견지명을 가져야 한다. 대륙의 나라, 미국 여행은 즐거움도 주고, 좋은 견문도 주므로 관광 말고 여행하면 좋고, 대륙 횡단여행을 하면 더욱 좋다. 책과 독서로 아는 것이 아니라 직접 걷고 여행 후, 관심 갖고 독서하는 것이 더 쉽게 더 깊게 미국을 이해하는 방법이 된다.

미국을 오랜 동안 여행한 여행가로서 이 경험이 미국을 여행하는 여행자에게 밑거름이 될 수 있기를 간절히 바라며 이 책을 쓴다. 이 책은 미국 여행을 좀 더 잘해보려는 배낭여행자와 나 홀로 여성 여행자, 아이들과 떠나는 가족 여행자, 그리고 한 달여 여행 도전을 하려는 여행자에게 도움이 된다면, 이보다 더 큰 보람은 없을 것 같다.

독서는 머리로 떠나는 여행이고,
여행은 몸으로 하는 독서다
• 이희인

뜨거웠던 여름날에 태평양을 품은 샌프란시스코에서 동부의 대서양을 품은 뉴욕으로 여행했다. 여덟 살 딸(만 6세) 다영이와 38일간의 여행으로 나로서는 네 번째 미국 여행인 것이다.

내가 어린 딸과 함께 여행을 하기로 기획한 이유는 여러 가지가 있었지만 어릴 때의 나와 어른이 되어 다영이 아빠로서의 나를 곰곰이 비교해 보았다. 그리고 현재 다영이의 모습을 바라보았다.

내 안에는 부모님의 권위적 자아와 포근한 자아가 있고, 해야만 하는 것을 해야 하는 어른스런 자아가 있으며, 어렸을 적 즐거웠던 장난스런 어린이 자아가 있다.

권위적인 나, 포근한 나, 어른스런 나, 개구쟁이 나는, 결국 모두 나인 것이다.

누구나 어린 시절은 즐거운 추억이 되고, 초등학교 동창들과 만나면 어린 아이처럼 되곤 한다. 그 시절이 근심걱정 없는 가장 즐거운 시절인 것 같다.

하지만 요즘 아이들은 너무 바쁘고 힘들어 보인다. 영어 학원도 가고, 수학 학원도 가고, 국어 학원 가며, 피아노 학원 간다. 방과 후, 놀 시간 없는 우리 아이들은 이제 친구들과 해질 때까지 골목 어귀에서 노는 모습은 원시 시대의 모습처럼 낯설게만 느껴질 것이다.

아이는 자연 속에서 뛰어 놀 때 가장 아이답고, 밝게 웃으며 친구들과 어울릴 때 가장 귀엽고, 그런 자유가 있는 아이가 자율적 성인이 되어 책임감 있는 생활을 하게 된다고 한다.

짜인 관광이 아닌, 자유 가득한 여정 안에서 아이와 즐겨 보는 것이 더 좋을 것 같았다.

나도 아이처럼 놀면 더욱 즐겁다. 아이와 아이가 된 나와 자유 가득한 여행을 즐기다 보면, 진짜 행복한 추억 하나를 만들게 될 것이다. 어쩌면 그 추억 하나가 아이가 평생 동안 만날 역경들을 극복하는 힘의 근원이 될지도 모르는 일이고 또 내가 하고 싶은 것들을 아이와 해보고, 아이가 해보고 싶은 것들을 함께 해 보며. 하고 싶은 것을 할 자유도 배우고 하고 싶지 않은 것을 하지 않을 자유도 배우며 오늘도 아이에게 더 많은 자유를 준다. 그래야 아이가 책임감 있는 어른이 될 테니까. 바로 이것이 이 여행의 목적이며 내가 다영이에게 바라는 것이다.

이 책이 탄생하기까지 수고해주신 이가서 출판사와 편집장님께 감사드리며, 미국 여행 동기를 주신 이재봉 교수님, 미국 여행 정보센터 운영진에게도 깊이 감사할 따름이다. 특히 미국 정치 관련 원고를 기꺼이 제공해주신 원광 대학교 이재봉 은사님과 양평에서 글과 씨름하는 제게 물심양면 도와주신 돌아가신 어머님께도 깊이 감사드린다. 무엇보다 이 책은 소중한 딸 다영이와 함께 만들게 되어 뜻 깊은 의미가 있어서 행복하다.

다영이와 아빠의 미국여행기

7. 14~16.

1일째.
인천공항에서 샌프란시스코로, 늦가을처럼 쌀쌀하다
인천공항 – 샌프란시스코 – 렌터카 이동 – 스텐포드 대학 – 금문교 야경

    대학 시절 트렉아메리카로 미국을 여행한 후, 어린 딸과 네 번째 미국 여행에 나섰다. 지난 봄 여행한 네팔의 안나푸르나 여운이 여전한데, 사랑스런 다영이와 함께하는 미국 여행이어서인지 외롭지가 않다. 인천공항을 이륙한 아시아나 항공기는 이미 태평양 상공을 날고 있다.
    샌디에고 야생 동물원에서 사자를 만난 적이 있다. 그들은 갓난 아기 마냥 거의 20시간 동안 잠을 자기에 활동하는 걸 보기는 어려운 편이다. 무섭고 두려운 사자도 배부르면 그만이라서 웬만하면 공격하지 않고 그저 잔다고 한다. 그러나 인간은 내일과 모래, 혹은 그 후에 먹을 것을 위해 비축해야 하고, 심지어 은퇴 이후까지 걱정해야 한다. 게다가 물질과 돈, 종교와 권력 등을 위해 처참한 전쟁도 서슴지 않는다. 어쩌면 사파리 초원의 안녕을 위해서 사자가 인간과 다른 게 다행인지 모른다. 다영이가 이렇듯 다른 세상, 다른 삶을 느끼고 기억하여 다양한 사고를 갖는데 그 밑거름이 되는 것이 이번 여행의 중요한 목적 중에 하나이다.

다섯 살 되던 해부터 북한산 트레킹도 하고, 궁궐도 여행하며, 다양한 여행경험과 여행 근육을 차분히 키워 왔지만, 잘 해낼지 걱정이 앞선다. 어린 딸에게 넓은 세상을 알게 하고, 미국인의 생활을 직접 보며 눈으로 본 미국을 경험하게 하고 싶다. 산과 대자연 그리고 도시와 오지를 걸으며 느끼는 즐거움과 삶의 즐거움을 아는 그런 여행 친구가 되길 바란다.

7월인데 쌀쌀한 샌프란시스코

내 인생의 첫 번째 해외 여행지 샌프란시스코에 벌써 5번째 방문이다. 샌프란시스코가 익숙하고 친근한 이유는 무슨 인연 때문일까? 입국심사 마치고 밖으로 나오니 한국의 10월이나 11월처럼 쌀쌀하고 을씨년스럽다. 처음 왔던 12월 그리고 2월, 다시 왔던 8월과 9월, 그리고 이번의 7월, 이상하게도 같은 달에 온 적이 없다. 따듯했던 12월과 시원했던 2월, 더웠던 8월과 9월, 그리고 쌀쌀하다 못해 추운 7월의 여름이 우리를 맞는다.

시내로 연결되는 샘트랜스 버스(편도 2달러)는 다운타운까지 가는 동안 도시 구석구석을 보여준다. 초등학교 1학년인 다영이는 시차 적응하느라 피곤한지 곤히 잠들었지만, 무심한 버스는 아랑곳하지 않고 황량한 도로 위를 달린다. 도시 외곽 고즈넉한 풍경과 스쳐가는 허름한 마을들, 언덕 위 멋스러운 집과 벽에 그린 낙서와 히스패닉 부랑자는 묘한 대비를 이룬다. 어디서나 그렇듯 시내버스는 가감 없이 그 곳의 속살을 보여준다.

미국에도 여전히 변하지 않은 것이 있었다. 그레이하운드 버스, 암트랙 기차, 샘트랜스 버스, 트렉아메리카 여행, 그리고 눈을 마주치면 미소 짓는 사람들이 그렇다. 다운타운에 들어선 버스는 유럽풍 시빅 센터 앞에서 우리를 내려주고 야속하게 갈 길을 재촉한다. 길 위에는 점퍼 차림과 목도리 두른 시민들이 어딘가로 바삐 걷고 있다.

다양성과 자유, 그리고 아름다움

미국 내 경제력 2위이자 GDP 기준 세계 7위의 캘리포니아 주, 인구 75만으로 미국 내 12위를 자랑하는 면적 120km^{2}의 대도시 샌프란시스코는 삼면이 바다이고 가파른 언덕으로 둘러싸여 전략적 요충지인 서해안 중앙에 위치하고 있다. 서부개척 대역사를 이뤄낸 골드러시는 고작 850명에 불과했던 인구를 1년 후 25,000명으로 급속히 도시를 성장시켰고, 지금은 황금대신 IT산업에 힘입어 세계적 도시로 만들었다.

문화의 다양성과 자유, 그리고 여행 매력이 풍부해 1960년대 히피문화 발상지가 되었고, 1970년대 동성애자 커밍아웃 장소가 되어 낙원으로 불려진다. 시청사 안에서 동성애자 결혼식을 하고, 이를 아무렇지 않게 여기는 시민들 모습이 이색적이다. 피부색, 인종, 옷차림, 성적취향 등 참으로 다양한 사람들이 서로를 인정하며 조화를 이룬다. 젊음과 자유, 각자의 개성은 도시를 빛내고, 자유분방함은 묘한 매력을 만들어 여행자를 물밀듯 오게 한다. 그래서인지 수많은 여행가는 세계에서 가장 추천할 만한 여행지로 샌프

고진석 추천 미국 12대 여행

도시	1 샌프란시스코(피어 39)	2 뉴욕(자유의 여신상)
	3 워싱턴(스미소니언 박물관)	4 보스턴(프리덤 트레일)
대자연	5 그랜드 캐년(3대 캐년) 트레킹	6 모뉴먼트 밸리 지프투어
	7 나이아가라 폭포 감상	8 옐로스톤 트레킹
체험	9 샌디에고 와일드 사파리	10 올랜도 디즈니월드 놀기
	11 라스베가스 갬블링 & 쇼	12 뉴올리언스 마디그라스 축제

샌프란시스코 여행지를 운행하는 시티투어버스.

란시스코를 손꼽는다. 나도 여기가 무척이나 좋다.

　유서 깊고 저렴한 르느와르 호텔에서 여장을 푼 후, 에너지를 충전한 다영이와 유니언 스퀘어를 향해 힘차게 걸었다. 넓은 인도와 왕복 4차선인 마켓 스트리트에는 생기가 넘친다.

활력적인 유니언 스퀘어와 스탠퍼드

도시의 중심, 유니언 스퀘어에 도착해 렌터카를 픽업하여 스탠퍼드로 향했다. 운전대를 잡으니 시차 적응을 위한 피곤이 밀려온다. 안전운전을 해야 하지만 비몽사몽을 피하기는 어렵다. 가까스로 도착한 명문 스탠퍼드 대학교는 하버드나 버클리와 비교해볼 때, 큰 규모의 캠퍼스임은 틀림 있었다. 여유 있는 학습 환경과 시설을 보니 뜨거운 학구열이 느껴진다. 다시 공부가 하고 싶어진다. 미국의 3대 대학교(스탠퍼드/하버드/MIT)를 보여주고 싶었는데, 여전히 피곤한 다영이는 대학이 무언지 잘 모르기에 조용하고 큰 놀이터쯤으로 아는 듯싶다.

서부의 풍부한 자금과 스탠퍼드가 만든 실리콘 밸리는 IT가 태동한 성지와 같은 곳이다. 그래서 기업과 산학연계로 성공한 스탠퍼드는 꼭 여행하고 싶은 곳이었다. 상상을 초월한 도전은 실리콘 밸리의 문화이자 근원이다. 애플의 아이폰, 테슬라의 전기차 '모델 S', 스페이스X, 구글, 캐피털 원(신용카드) 등 그들은 미친 꿈을 꾸고 그 꿈을 실현하기 위해 노력한다. 성적을 위해 공부하고 스펙

〈The Times〉 선정 '2015 세계 대학평가'에서 스탠퍼드는 4위에 올랐다. 의외로 1위는 LA 인근 패서디나에 있는 칼텍(캘리포니아 공대)이며, 노벨상 수상자만 31명일 정도로 이공계열 특성화 대학교로 유명하다. 하버드가 2위, 영국 옥스퍼드가 3위, 대한민국 포스텍 53위, 카이스트 94위, 서울대 124위, 그리고 226위 고려대, 250위 연세대 등으로 발표되었다. 〈포브스〉 선정 '2012 기업가 양성 대학 순위'에서 1위 스탠퍼드, 2위 MIT, 3위 하버드, 4위 칼텍, UC버클리, 다트머스, UCLA, 프린스턴, 하버포드 등의 순이다. 기준은 전문분야 성공률, 학생 만족도, 학자금 대출, 4년 내 졸업률, 장학금 등으로 고려했다고 한다.

쌓기에 몰두하는 우리 교육현실은 언제나 이런 미국을 배울 수 있을까. 공부를 하다 보니 성적이 좋아지고, 창의력을 키우다 보니 좋은 인재가 되는 세상을 기대해 보자.

스탠퍼드는 1891년 폴로알토에 설립되었고, 교육대학원, 법학대학원, 의학대학원, 경영대학원 등 4개 대학원과 문리대, 공대, 지구과학대 등 3개 대학교 등 7개 학부로 구성되어 있다. 학비가 연평균 50,000달러 수준으로 높은 편이다. 이 대학에서 구글 창업자, 야후 창업자, 나이키 창업자, 휴렛패커드 창업자, 애플 스티브 잡스, 캐피털 원 리처드 페어뱅크 등 세계적 기업과 IT 기업 인재가 양성되어 유명세를 더하고 있다. 다영이가 스탠퍼드 대학 정신을 가지길 희망해 본다.

2일째.
걸어서 시내여행

Financial District ⇒ Trans America Pyramid ⇒ Cable Car 탑승 ⇒ Cable Car Museum ⇒ China Town ⇒ 그레이스 대성당 ⇒ Fisherman's Warf(Ghiradelli Square, Cannery, Pier 39) ⇒ Red & White Cruise

세련된 건물로 가득한 Financial District. 유니언 스퀘어 동쪽에 위치한 '서부의 월 스트리트이자 심장부에는 은행, 증권거래소, 보험회사, 상사 등 고층빌딩이 즐비하다. 유명한 Trans America Piramid(48층, 256m, 1972년 완공) 빌딩은 예전에 BOA 본점이었고, 파이넨셜 디스트릭트를 상징한다. 환태평양 지진대에 위치한

샌프란시스코 상징인 케이블카가 차이나타운을 지나고 있다.

 샌프란시스코는 1906년 4월 18일 새벽 5시 12분, 대지진에 의한 대화재를 겪게 된다. 도시의 95%가 파괴되었는데, 이후 지진에 대한 대비는 건축에 있어서 가장 중요한 개념이 되었다. 이에 이 건물도 지진 내구성을 높였고, 그늘을 적게 하기 위해 피라미드 외형으로 설계되었는데, 가장 아름다운 상징적 건물이 되었다.

 몇 블록 걸으니 샌프란시스코 명물인 Cable Car가 특유의 종소리를 내며 스쳐간다. 수많은 영화에 등장한 케이블카는 교통수단이자 체험거리이다. 케이블카 타고 케이블카 박물관으로 향했다. Cable Car Museum은 1873년 처음 운행을 시작한 Cable Car 역사와 운영방법을 소개하는 박물관이자, 흑백 단편영화 상영, Cable Car 작동 재현, 다양한 기념품까지 전시되어 아이들에게 유익한 여행지이다.

차이나타운은 여행자에게 인기 높은 여행지.

　세계에서 가장 많은 방문객으로 유명한 피셔맨스 워프로 가려면 차이나타운을 들렀다 가야 한다. 베이징 덕, 딤섬과 다양한 중국요리는 특별한 점심 한 끼로 안성맞춤이다. 샌프란시스코 인구의 10% 이상(8만 명)이 중국계이지만, 미국 내 가장 큰 차이나타운으로도 유명하다. 미국 여행과 중국 여행을 동시에 하게 되는 차이나타운 여행은 루트에 필수적으로 넣어 보자.

　화려하고 혼잡한 차이나타운을 벗어나 캘리포니아 스트리트로 들어서면, 파리의 노트르담 성당을 복제한 그레이스 대성당을 만난다. 1928년 완공되어 90여 년 역사를 가지고 있지만, 짝퉁 이미지 때문인지 많은 이들이 찾지 않는다. 저 멀리 언제나 즐거움이 가득한 Fisherman's Warf가 보인다. 100여 년 전부터 이탈리아 어부의 부둣가로서 영화를 누려왔는데, 근래에는 샌프란시스코 최고 여행지가 되었다. Cannery ⇒ Pier 39 ⇒ 기라델리 스퀘어 루

피셔맨스워프 피어 39에서 쉬고 있는 바다사자.

트도 좋고, 레드 & 화이트 크루즈 투어도 좋다. 시간 여유가 있다면, 비치에서 쉬어보고 알카트래즈 섬을 여행해 보자. 수많은 인파와 쇼핑센터, 기라델리 초콜릿, 미국식 씨푸드 레스토랑, 길거리 공연 등 즐길 거리가 가득하다.

항구의 명소는 단연 Pier 39이다. 옛 모습 그대로를 살려 개발했는데, 쓸모없어진 항구를 훌륭하고 차별화된 여행지로 개발한 세계적 성공사례이다. 세계에서 여행객이 가장 많은 장소로도 유명하다. 난 샌프란시스코에 도착하면 항상 이곳에 들른다. Pier 39은 다영이의 신나는 놀이터가 되어 즐거운 시간을 보내게 해 주었다. 특히 Red & White Fleet 유람선의 야경 여행은 특별한 감동을 주었다.

탑승 전 일정에 대한 선장님 오리엔테이션을 듣는데, 공주가 춥다고 난리다. 밤이 되니 더 추운 모양이다. 내 겉옷을 입혀주고 영

샌프란시스코만을 여행하는 선셋크루즈 매표소.

어설명을 들어보려 하는데, 여간 어려운 게 아니다. 아마도 재밌게 여행하라는 뜻이리라 이해한 후, 선상에 올라 갑판에 서니 낭만을 즐기는 연인들과 여행객들로 떠들썩하다. 다영이가 영화 같은 한 연인의 키스를 보며 너무 몰입해서 보기에 아래층 실내 파티장으로 갔다. 과일, 샌드위치와 쿠키, 커피 등 각종 음료와 술이 준비되어 있었고, 카우보이 같은 올드한 가수가 멋지게 버니지아 풍 컨트리 송을 노래하고 있었다. 테이블에서 음미하며 여행하는 사람들과 무대에서 춤추는 사람들로 활기가 넘친다. 다영이는 이 사람 저 사람과 잘도 어울린다. 창 밖 샌프란시코 만과 요트, 아름다운 집들을 보노라니 여기가 사람 사는 곳인지 천국인지 싶다. 여행가의 눈으로는 그들의 삶도 아름다울 뿐이 로니……

3일째,
골든 게이트파크, 캘리포니아 와인을 찾아서

시빅 센터 ⇒ 골든 게이트파크 ⇒ 캘리포니아 과학 아카데미 ⇒ 마켓스트리트 ⇒ 예르나 부에나 센터 ⇒ 나파 & 소노마 밸리

    장엄한 바로크 양식으로 1915년에 완성된 시청은 여느 시청과 사뭇 다르다. 개성 있고 창의적이며 아름다운 건축양식을 자랑하는 Civic Center가 도시의 손꼽히는 여행지로 자리 잡았다. 쇼핑몰로 개방하여 공무를 공개한 시카고 시청도 대단하지만, 시청 안에서 게이와 레즈비언 결혼식을 허용한 샌프란시스코 시청도 대단하다. 여기서는 이념도 통념도 없는 듯 자연스럽게 인간 본연의 삶에 충실하려는 것으로 느껴진다. 이렇게 또 다른 문화를 배운다.
    San Francisco는 언덕의 도시이다. 길을 따라 걷다보면 어느새 언덕위에 있고, 언덕에 올라보면 건너편 언덕을 따라 빅토리아 풍 집들이 늘어선 모습을 볼 수 있다. 아름다운 고급 주택가 노브힐과 러시안힐을 지나다보니 어느새 아름다운 경사도로 Lombard Street에 와있다. 다영이도 걷는 것에 적응하여 예쁜 길을 보니 매우 즐거워한다. Lombard Street는 급경사 도로가 많은 San Francisco에서 급경사를 보완하기 위해 만든 독특한 도로이다. 집집마다 아름답게 손질한 정원과 저마다 개성을 살린 집들을 걷노라니 한 동안 여기서 살고픈 욕망이 가라앉질 않는다.
    정류장에서 Golden Gate Park로 향하는 시내버스를 탔는데 여행자로 가득하다. 차창 밖으로 서점, 잡화점, 과일가게, 비디오 대여점, Grocery, 이발소 등을 보며 그들의 삶을 느꼈는데, 단순한

골든 게이트파크 내 MH 드 영 박물관.

일상도 평온해 보인다. 역시 선진국의 여유는 부럽다.

   도시 서편 Golden Gate Park는 Golden Gate Bridge와 한 쌍을 이루며 뜻 깊은 스토리를 가지고 있다. 반나절은 족히 여행해야 하는 장소다. 스코틀랜드 출생(1846년)의 존 맥래런이 골든 게이트 파크 관리책임을(1887년) 맡으면서 공원은 발달하게 된다. 장방형으로 길게 펼쳐진 공원은 남북 800m, 동서 5km에 달하는 인조공원이며 도심 내 세계 최대 규모이다. 황무지였던 이곳을 끈질긴 열정으로 세계인의 최고 휴식처로 만들었는데, 이제는 샌프란시스코 폐에 해당할 정도로 대단한 공원이 되었다. 상상보다 넓은 공원이기 때문에 도보로는 전체를 여행할 수 없기에 자전거 타고 여행한다면 효율적인 여행이 된다.

   아이들에게 흥미가 있을 공원 내 '캘리포니아 과학 아카데미'를 방문했다. 드 영 미술관, 식물원, 꽃 정원, 일본식 정원 등 '들어가

골든 게이트 파크를 현재 규모로 만든 '존 맥래런'과 함께.

지 마시오'라는 부담 없이 잔디 위를 마음껏 걸었다. 책 읽는 사람, 휴식을 즐기는 사람, 낮잠 자는 사람, 뛰노는 강아지들……. 평화롭고 행복한 모습에서 미국인의 여유와 풍요를 다시 한 번 느낀다. 과거에는 황금만능을 연결하고 현재에는 여행객을 연결하는 골든 게이트 브릿지는 세상에 대한 욕심이 없다는 듯 그렇게 든든하게 서서 행복으로 안내하고 있다.

아름다운 장면을 뒤로 한 채, 예르나 부에나 센터로 가는 버스를 타고 타운타운으로 향했다. 2010년 1월, 애플의 스티브 잡스는 바로 여기서 세상을 바꾸는 아이패드를 발표했다. 실리콘 밸리와 스탠퍼드, 그리고 샌프란시스코는 이렇듯 그와 인연이 깊다. 한 공간에 현대미술관, 갤러리, 극장, 아이스링크, 다양한 레스토랑, 마틴 루터 킹 기념관, 제움(아트 체험공간) 등 다양한 엔터테인먼트 시설을 구성했고, 누구나 하루를 유익하고 즐겁게 보내기에 좋은 여행지이다.

여행자가 그 나라를 품고 있는 음식과 술을 만나는 것은 선택이 아니라 의무가 아닐까. 막걸리와 안동 소주처럼 전통적인 프랑스 와인과 이탈리아 와인, 최근 인기 높은 캘리포니아 와인과 칠레 와인을 산지에서 맛보는 것은 애주가의 로망이다. 차는 어느덧 와이너리가 산재한 나파밸리에 가까워지고 있다. 파스타를 좋아하는 다영이는 와플, 치즈버거와 프라이, 델리 샌드위치, 베이글, 나초와 타코, 스테이크, 피자 등 놀라울 정도로 현지음식에 적응한다. 그래서 우리는 나파 & 소노마 밸리로 기꺼이 떠났다. 나는 와인, 다영이는 맛난 음식을 만나기 위해.

온화한 기후와 서늘한 새벽안개

세계적 와인 산지는 우수한 포도품종으로만 가능하지 않다. 기후(일조량)와 토양이 좋아야 하고 강수량, 배수, 경사도 등 떼루아가 중요하다. 여기에 끊임없는 도전이 얹어져야 기품있는 와이너리가 탄생한다. IT의 본산 실리콘 밸리처럼 나파 밸리에 세계적 수준의 250여 양조장이 56km의 긴 띠처럼 형성되어 있다. 양조장에 따라 무료 시음과 와이너리 투어를 진행하고 있는데 스털링 포도원, Riesling, Zinfandel, 소노마의 세바스티안 등 열거가 어려울 정도의 와이너리가 유혹한다. 명문 세바스티안에서 식사와 와인을 음미했다. 그리고 여기는 부부, 가족, 연인들이 렌터카를 하루 빌려 여행하는 것이 효율적이다. 다영이는 시음하더니 맛없다며 찌푸린다. 아직 와인을 알기에는 역시 어린 나이이다. 이보다 아름다운 식사가 다시 있을지……

얼마 전 와이너리 지역에 큰 불이 있었지만, 거의 피해를 입지 않았다고 하여 얼마나 다행인지 모르겠다.

추천하고 싶은 5대 음식

1. 베네치아 리알토 레스토랑 저녁 – 화이트 와인을 곁들인 리조토 그리고 봉골레 파스타
2. 카메론 하이랜드 블랙 티 레스토랑 점심 – 홍차와 머핀, 브라우니 그리고 광활한 차밭
3. 끄라비의 수상 씨푸드 레스토랑 저녁 – 얼음 넣은 싱하를 곁들인 상어 스테이크
4. 파리 시테섬 노트르담 성당 감상하는 레스토랑 점심 – 레드 와인과 안심 스테이크
5. 올랜도 매직킹덤 신데렐라 성 공주들과 점심 – 다영이가 가장 좋아한 레스토랑

7. 17~28.

트렉아메리카
〈Western Dream 12일〉
프로그램

1일째, 7월 17일.
요세미티로 출발, 골든 게이트 브리지 도보 횡단

　오늘은 글로벌 가족들과 만나 12일간 여행을 하게 될 설레임과 부푼 기대로 충만하다. 오전 7시, 영국인 가족과 중국인 가족, 한국인 가족, 그리고 미국인 투어리더 등 5개 팀이 수줍은 만남 후, 요세미티로 출발했다. 특별히 골든 게이트 브리지를 도보로 건널 수 있는 기회를 준단다. 투어 리더는 다리 건너편에 내려주며 시작 장소로 복귀하라 설명 후 떠났다. 샌프란시스코에 4번째 방문하며 매번 다리를 보고 차로는 건넜지만, 도보로 건너는 것은 처음이다. 다영이와 함께 얘기하며 걷고 뛰며 건너니 즐겁고 행복하다. 샌프란시스코 스카이라인도 아름답고, 알카트라즈도 반갑기만 하다. 이렇듯 아빠와 아이 혹은 엄마와 아이가 하는 가족여행 경험은 서로에게 따듯한 추억을 만들어 준다.

아름다운 골든 게이트 브릿지 전경.

한 눈에 봐도 길어 보이는 다리를 건너자는 내 제안에 다영이는 엄두가 안 나나보다. 일단 걷기 싫다고 투정이 들어온다. 잘 방어하여 데려가야 하기에 공주가 좋아하는 잡기놀이 하자고 제안했다. 다영이가 도망가면 내가 잡고, 내가 도망가면 다영이가 잡게 해주며 다리의 반은 온 듯 싶다. 이제 아이스크림을 보더니 사 달라 조른다. 추워도 아이스크림은 좋은지 아이스크림만 집중하며 시내전망에 관심이 없다. 아직은 어린 걸 어찌하랴.

1937년 개통, 공사기간 4년, 길이 2,332m, 해수면 높이 67m, 바다 깊이 100m, 와이어 길이 128,744km, 건설비 3,500만 달러, 설계자 조지프 스트라우스, 타워 높이 227m 등 80여 년의 역사를 자랑하는 골든 게이트 브리지는 당시 세계 최장의 교량이자 최고

여행 요트가 금문교 아래로 지나고 있다.

기술이 투입되었다. 특히 시와 대륙을 연결하는 다리는 태평양 한 자락에 절묘하면서 극한의 미감을 품고 있다. 바람도 세고, 햇볕도 따사롭다. 마침 마라톤 대회가 있는 듯 참가자와 산책하는 사람들로 다리 위는 무척이나 붐빈다. 다영이 손을 잡고 다리를 횡단한다는 벅찬 마음에 그저 행복할 뿐이다.

3박 4일 머물게 될 요세미티 국립공원

트렉아메리카는 최적의 서부여행 루트를 업그레이드 하여 가족여행 프로그램으로 완성하였다. 샌프란시스코에서 시작하여 장엄한 대자연을 지나 라스베가스에서 마치는 서부여행이 바로 그것이다. 이 투어에 참여하려 2년을 기다렸다.

구분	트렉아메리카란?	그랜드여행이란?
공통점	\- 함께 이동하고 함께 숙박하지만, 여행지는 자유여행 하는 착한 여행 \- 외국인들과 교류하며 다양한 사회문화 체험을 할 수 있는 글로벌 여행 \- 안전을 최우선 하는 투어리더와 고급형 15인승 밴 \- 안전한 야간여행, 안전한 도시여행, 안전한 대자연여행 지원 (OT) \- 숙박: 캠핑 / 랏지 / 캐빈 / 호텔 / 호스텔 / 카우보이 캠프 / 호건	
참가나이	18 ~ 38세	8 ~ 60대, 가족여행(8세 이상)
여행지역	미국, 캐나다, 중미	미국, 캐나다, 중미, 남미
포함여행	있음	트렉아메리카 보다 더 많음
투어리더	신입, 경력	우수한 경력
식사	불포함 Food Kitty 1일 10달러	포함
웹사이트	www.trekamerica.co.kr	www.fintour.co.kr

　미국의 3대 대자연은 요세미티, 옐로우스톤, 그랜드 캐년을 일컫는다. 요세미티는 1864년 미국 최초로 국립공원에 지정되었다. 장엄한 계곡과 울창한 숲, 초원과 화강암 벽 하프 돔, 그리고 미국에서 가장 높은 740m '요세미티 폭포', 거대한 나무 '자이언트 세쿼이아' 등 대자연 중 대자연이다. 거대한 화강암에 스며든 물이 얼었다 녹았다를 반복하면서 1/4의 암석이 붕괴되며 형성된 하프 돔은 요세미티의 상징이 되었다. 게다가 이 산은 3,030km²의 넓이에 걸맞게 중부 캘리포니아 강수와 물 공급에 절대적 영향을 준다.
　점심을 함께 하면서 어른끼리 아이끼리 많이 친해졌다. 다영이

투어리더가 요세미티에서 다양한 루트를 설명 중.

는 아빠보다 아이들과 여행하는 게 더 즐거운 듯 아예 다른 가족에 합류해 버렸다. 중국계 미국인인 11살 레이첼 언니, 9살 제임스 오빠와 형제가 되었다. 그들은 영어와 한국어, 중국어와 몸짓으로 대화하지만 불편함이 전혀 없었다. 참 놀라운 일이다. 벌써 저렇게 친해졌으니 말이다.

2일째, 7월 18일,
요세미티 트레킹

너무나 완벽한 잠을 잤다. 신선한 공기와 삼림욕, 가득한 별빛이 숙면토록 했나보다. 맑은 목소리로 재잘대는 아이들은 핫 초콜릿과 함께 신선한 아침을 먹는다. 요세미티 영혼의 축복 속에 있지만, 현대인의 필수품인 와이파이는 잡히지 않는다. 투어리더의 트레킹 안내 오리엔테이션을 듣고, 샌드위치 점심을 준비하여 각자의 스케줄로 트레킹을 나섰다. 트렉아메리카 여행은 함께 이동하고 숙박하지만, 도착해서는 자유여행과 그룹여행을 병행하는 패턴이라 좋다.

  깔끔하게 단정된 트레일 코스를 따라 즐기듯 걷기만하면 된다. 어른도 아이도 심지어 휠체어 탄 장애인도 대자연 위를 걷는다. 빙하가 녹은 투명한 맑은 물을 보니 마시고 싶다는 충동이 든다. 다영이와 배부를 때까지 맛나게 흐르는 그 물을 마음껏 마셨다. 깨끗한 그 맛은 지금도 기억 속에 살아서 휘감는다. 저 멀리 요세미티의 장관인 폭포가 보인다. 다영이는 큰 바위 하나가 마음에 들었는지 이 바위에서 한 시간째 오르락내리락 놀고 있고, 나는 한 시간째 벤치에 앉아 아이와 자연을 느끼고 있다.

요세미티 면사포 폭포까지 0.3마일.

요세미티를 상징하는 하프 돔.

3일째, 7월 19일,
요세미티에서 쉬다

팀원들은 요세미티의 유명한 볼거리들을 구경하러 떠난다. 그러나 다영이와 나는 하기 싫은 것 하지 말고, 하고 싶은 것만 하는 그런 무위자연 같은 시간을 갖기로 했다. 세제를 넣고 발로 밟아 함께 빨래하여 널고, 책도 읽으며 그늘에서 쉬었다.

햇볕은 무척이나 뜨거웠다. 근처 카페에서 치즈버거와 윙, 시원한 맥주를 곁들여 먹었다. 돗자리를 가지고 강가로 가서 둘이서 오

꼬마 여행가 다영이가 아빠를 사진 찍다.

붓하게 쉬었다. 미국 와서 처음으로 일요일 같은 편안한 하루를 느낀다. 이렇게 개구쟁이 아빠와 딸은 아름다운 추억 하나를 가슴 속에 쌓았다.

여행 팁	요세미티에는 캠핑장도 많고 랏지도 많다. 여행자가 차만 있다면 여행하기 좋은 곳이다. 대중교통은 이동에 제약이 많고 숙소 찾기 어려우므로 추천하지 않는다. 요세미티는 절대 1일 코스가 아니니 최소 이틀에서 사흘 일정으로 방문해야 한다.
트레킹 팁	선크림은 꼭 바르고, 등산화보다는 도시와 대자연을 걷기에 편한 트레킹화를 준비한다. 모자, 선글라스, 물, 간식을 가벼운 배낭에 넣어 떠나자.

4일째, 7월 20일,
중간 경유지 Stop Over

8시 출발 ⇒ 10:10 mono lake ⇒ 다영, 약간 멀미 후 계속 잠 ⇒ 오후 5시경 원주민 숨결이 느껴지는 캠핑장에서 숙박 ⇒ 유 패밀리가 준비한 마파두부 저녁 ⇒ 와인과 캠프파이어

요세미티에서 자이언캐년 까지는 먼 거리여서 중간에 하루 묵었다가 가야 한다. 원주민이 살았던 평화롭고 아름다운 자연, 굳이 여기가 어딘지 알 필요는 없었다. 아무도 없었지만 우리가 있었고, 붉은 사암과 황혼, 그리고 맥주 한 병, 와인 한 잔이면 모든 것이 완전한 그런 장소이다. 특별한 장소에 묵게 해준 트렉아메리카에게 감사할 뿐이다.

오늘은 중국인 패밀리 '유 패밀리'가 '마파두부'를 준비했는데, 이보다 더 맛있는 마파두부는 먹은 적이 없었던 듯 싶다. 부모 국

다영이가 영국가족, 중국가족 속에서 즐겁게…

(상) 영어는 못하지만 마음으로 소통하는 다영이. (하) 국적은 다르지만, 식사준비는 행복하게…

적은 중국, 아이들 국적은 미국, 사는 곳은 상하이, 중국 스타벅스 변호사로 일하는 '유 패밀리'는 글로벌 그 자체였다. 어른들은 모여서 와인을 마시고, 아이들은 캠프파이어를 하며 마시멜로를 구워 먹는다. 달콤한 화이트 와인, 재잘거리는 아이들 목소리, 원주민 마을 터였을 캠핑장은 묘한 조화를 이루며 진정한 휴식과 미국 여행으로 안내하고 있었다. 푸른 잔디 위 캠핑은 너무나 평화롭다.

자이언 캐년

5일째, 7월 21일.
40°에 육박하는 사막기후

　태초의 자연에서 휴식하는 호사를 캠핑장에서 누렸다. 산뜻하게 일어나 치즈 바른 구운 베이글과 진한 커피 향은 여느 호텔식에 비길 바가 아니다. 낯설었던 가족들은 이미 하나의 가족이 되었고, 자연스러운 관계가 되었다. 솔레익에서 약 500km, 라스베가스에서 약 200km 정도 거리에 있는 자이언 캐년을 향해 고고싱……
　유타 주 시차 변경선을 통과하여 자이언 캐년 캠핑장에 이르니 와이파이가 잡힌다. 역시 현대인은 어쩔 수 없나보다. 차 안에서 온라인으로 중요한 업무도 체크하고 처리하며 2시 경 캠핑장에 도착했다. 서부의 대부분이 그렇듯 사막만 가득하고 나무 그늘은 적다. 다행히도 나무로 둘러싸인 공터에 텐트를 세웠다. 게다가 물가 옆이라 시원한 바람도 불어온다.

영국 '제임스 패밀리'의 '튜브 래프팅' 제안으로 온 가족이 참여하기로 했는데 생각보다 무척이나 재미있었다. 바닥이 있는 튜브에 누워 물 흐르듯 떠내려가면 되는 간단한 놀이지만, 급류도 만나고 제법 스릴과 모험이 있는 루트여서 흥미진진하다. 우리는 각각 튜브에 끼여 손잡고 출발했지만, 급류 속에 헤어지고 만나길 반복하다 보니 다영이는 무서워 울고 웃고 난리다. 두 시간 동안의 튜브 래프팅은 다영이에게 '누구나 할 수 있다'는 자신감을 줬다. 아무리 무섭고 힘들어 보여도 그 안에 "Fun! Fun! Fun!"이 있고, 즐거운 추억도 있다는 것을 알게 해주어 감사하다. 끝나고 모험 소녀라 칭찬하니 좋아라 한다.

오늘은 코리안 '고 패밀리'가 불고기 저녁을 제공하는 날. 접시에 불고기 소스에 재워 구운 고기와 약간의 밥, 그리고 김치를 담았는데 모두들 만족스러워 한다. 달콤하고 부드러운 불고기는 세계 어디에 소개해도 호감을 가질 한국 음식임에 틀림없다. 그들에게 한국 음식을 소개할 수 있어서 보람이 크다. 종종 가족을 그리워하던 다영이도 맛있는 저녁식사로 완전히 극복한 듯싶다. 텐트 앞 의자에 앉아 선명하고 깨끗한 밤하늘 별자리를 어린 딸에게 설명하노라면 아빠와 딸의 추억일기 한 페이지가 아스라이 채워진다.

6일째, 7월 22일.
캐년 트레킹, 현재 기온 42°, 엔젤스 랜드

　친절한 투어리더 아트의 트레킹 오리엔테이션을 마치고, 우리의 코스를 확정했다. 1919년 국립공원으로 지정된 자이언 캐년은 Narrows Canyon Trail 26km 트레킹(Canyoneering)과 ZigZag 트레킹 코스로 엔젤스 랜드가 유명하다. 10년 전에는 감기몸살로 트레킹을 못했는데, 훈련된(?) 다영이와 엔젤스 랜드 코스를 꼭 트레킹하고 싶었다. 미들 레벨 코스여서 다영에게 다소 무리일 수 있지만, 다년간 트레킹 한 다영이 실력을 믿어 보기로 했다.
　신들의 정원 '자이언(Zion)'은 자연보호를 위해 차량은 통제하고 셔틀을 운행하고 있었다. 셔틀은 여행자가 원하는 코스의 정류장에서 'Hop on, Hop off' 할 수 있다. 신비함을 품은 장엄한 사암 계곡은 인간에게 그 허리를 내어 주어 힐링을 허락하고 있었다.
　가장 경이로운 계곡 '엔젤스 랜드' 코스로 힘차게 트레킹을 시작했다. 사막의 더위는 모든 것을 태우려는 듯 뜨겁다. 다영이는 경험하지 못한 더위에 시작하자마자 쉬었다가자 한다. 그래서 잠시 쉬었다 출발했는데, 얼마 되지 않아 다시 그늘에서 쉬자 한다. 다시 잠시 쉬었다 출발했다. 결국, 다영이는 자기는 그늘에서 기다릴 테니 아빠 혼자 다녀오란다.
　"혼자 기다릴 수 있겠니? 아빠는 다녀오고 싶거든"이라고 했더니, "사막 나무 그늘 아래에서 기다릴 테니 다녀와"라고 말한다. 다영이가 떼를 쓰지 않고 야무지게 말한다.
　다영이가 발을 떼고 걸을 때부터 무엇이든 스스로 선택하는 기

자이언캐년 안에 운행되는 셔틀버스.

회를 줬다. 오로지 5살에 시작한 태권도만 빼고. 무언가 가지고 싶을 때 선택할 기회를 줬다. 그래서 다영이도 부모의 선택을 존중해 준다. 그래서 우리는 헤어졌다. 물론, 다영이가 뒤따를 것이라 예상했기에 나는 걷기를 계속했다. 결국 10분도 안되어 뒤에서 함께 가겠다며 뛰어 온다. 아무래도 혼자 보다는 함께 가 좋았으리라.

"다영아, 저 꼭대기에 가면 숲도 있고 바람도 시원하니 저기서 점심 먹고 놀자"고 설명하니 이 더위에 시원한 곳이 있을 거라 안 믿는 눈치다. 이제 자기가 선택한 것이어서 불평없이 조잘거리며 따라 나선다.

10분 가다 쉬고 20분 가다 쉬며 절벽 아래 지그재그 코스 초입에 이르렀다. 사실 이 트레일은 나무가 없어 황량하여 어른들도 피하는 코스지만, 자이언 캐년 대표 코스라 꼭 해보고 싶었다. 지난 대학시절 트렉아메리카 여행 중 감기몸살로 포기해야 했기에 이

중급 트레킹 코스인 엔젤스 랜딩 지그재그 코스.

번에는 꼭 오르리라 욕심이 컸다. 미안한 마음으로 딸을 보는데, 마침 다영이가 씩씩하게 걸으니 대견하기 그지없다. 지그재그 코스를 계속 반복하며 오르고 또 오르니 정오가 지나 마침내 정상에 올랐다. 숲이 있었고, 시원한 바람도 있었다. 그늘과 시원한 바람이 진짜로 있으니 아빠를 못 믿은 것에 잠시 미안해했지만, 이내 다람쥐와 나무와 그리고 자연 속에서 뛰어 놀기 바쁘다. 그리고 여덟 살 꼬마는 할 수 있다는 자신감의 층을 하나 더 쌓는 계기가 되었다.

"다영아, 힘들지만 걸어 올라와 여기 있는 게 좋니? 아님, 밑에 있는 게 좋을까"

"당연히 여기가 좋지!"

"앞으로도 힘들어 보여도 도전해 보면, 누구나 할 수 있으니 우선 도전하면 어떨까?"

"응, 그럴게. 아빠"

그렇게 신들의 정원 앤젤스 랜드 정상에서 샌드위치와 과일, 그리고 곡물 바를 먹으며 동화 같은 시간을 보냈다. 하산은 야생 다람쥐나 새들과 놀며 즐겁게 그리고 쉽게 내려왔다. 대견스런 다영이는 딸기 스무디로 더위를 달래며 대단했던 트레킹을 마쳤다.

저녁은 영국 '제임스 패밀리'가 닭고기와 야채를 와인에 저린 프렌치식 꼬꼬뱅(coq au vin)을 메인으로 정했다. 고기와 해산물을 쌀밥에 볶은 스페니식 빠에야(paella)를 곁들였는데, 그 정성과 맛에 탐복했다. 영국 패밀리와 중국 패밀리 음식솜씨에 아이들은 모두 식욕이 넘친다. 설거지는 코리안 패밀리가 담당한다.

서구 유럽인들은 어려서부터 캠프생활이 빈번하여 단체여행 중 과정을 분담 받는 것을 기꺼이 즐기며, 분담 후 맡은 바 책임도 충실히 지는 모습을 보여줘서 배울 점이 많다. 1999년 트렉아메리카(미국/멕시코), 2006년 탑덱(유럽), 2007년 이미지네이티브(동남아), 2008년 오지엑스포져(호주/뉴질랜드), 2011년 트렉아메리카 여행(미국), 2014년 탑덱(유럽), 2016년 크루즈(대만, 일본) 등 다양한 글로벌 여행 브랜드를 체험했는데, 항상 기꺼이 하는 분담과 자연스러운 책임감은 보기에 좋다.

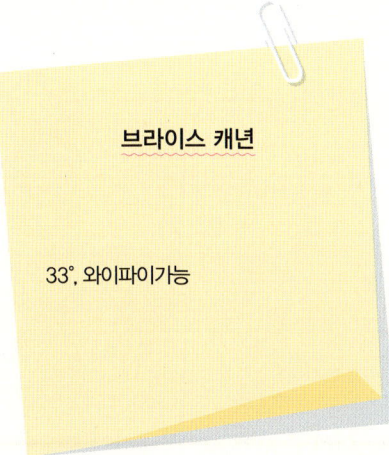

브라이스 캐년

33°, 와이파이가능

7일째, 토요일

　벌써 글로벌 가족여행이 7일째 되었다. 어느덧 친밀해진 가족들과 헤어질 날도 5일밖에 안 남았다. 아쉽다. 아이들이 친해지니 어른들도 친해져 더욱 돈독하다. 중국 유 패밀리는 상해에 다영이와 오게 되면 꼭 연락하라며 진심으로 초대한다. 이들은 이미 1999년 2월경 트렉아메리카 Southerner 21일 프로그램을 했었고, 나는 같은 해 1월 13일에 같은 프로그램을 참여했었다. 그런데 10여 년이 지나 트렉아메리카 가족여행 Western Dream 프로그램을 함께 하고 있다. 참 묘한 인연이다.

　오티가 끝나고, 일행은 브라이스 캐년으로 향한다. 그랜드 캐년, 자이언 캐년, 브라이스 캐년은 미국 3대 캐년이라 불린다. Western Dream 프로그램은 이 3대 캐년에서 캠핑하며 트레킹하는 것이 포함되어 있어서 너무 마음에 든다. 1928년 국립공원 지정, 면적 145km² (북한산 국립공원의 2배), 계단식 원형분지의 지질

브라이스 캐년을 수호하는 후두 신들.

    학적 가치도 높지만 자연의 신전에 온 느낌이다. 약 6천만 년 전부터 서서히 융기해 지상에 자리 잡은 후, 약 1천3백만 년 전에 물과 바람의 풍화작용으로 침식을 거듭하며 형성되었다. 수 만개의 섬세한 첨탑은 브라이스 캐년을 상징하는 천연 보물인데, 연중 내내 개방되므로 언제든지 방문해도 좋다.

    수렵 생활하던 원주민에 이어 1860년대 중반부터 몰몬교도 왕래가 잦아지면서 1874년에 브라이스 캐년 동쪽에 마을이 처음 세워졌다. 그 때 옮겨온 주민 중 Ebebezer Bryce라는 목수가 가축을 키우며 살았는데, 그의 성을 따서 '브라이스 캐년'이라 명명했

캠핑장에서 다국적 아이들의 즐거운 모습.

고, 1942년에 트레킹 코스가 정비되었다.

트레킹 선수 다영이와 '나바호 루프' 트레킹 코스로 들어섰는데, 수많은 모뉴먼트가 우리를 환영하듯 도열해 있다. 트레킹하며 쉬어가다 보면 그들은 제각각 인간 세계를 관장하는 신처럼 서있는 것 같기도 하고 제 3세계로 들어가는 입구 같기도 하다. 자연의 신비는 말로 형용할 수 없음을 절실히 느끼게 하는 대자연이다.

캠프에 돌아와 세계 3대 음식인 중국음식을 본토 가정식 스타일로 체험하게 되었는데, 역시 맛이 좋다. 세계 여기저기 많은 중국음식점에서 다양한 중국음식을 먹었지만, 유난히 맛있는 것은 그들의 정성 때문일까?

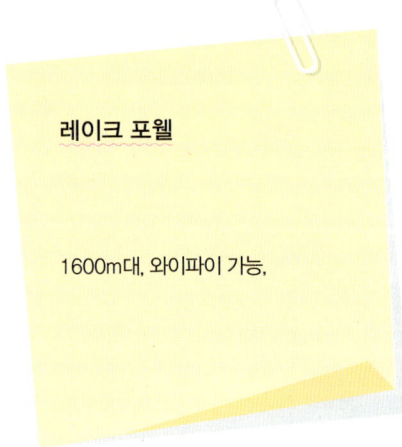

레이크 포웰

1600m대, 와이파이 가능.

8일째, 일요일.
호수 때문에 무더위를 느낄 수 있는 여행지

　오늘은 사막의 오아시스 포웰 호수로 가는 길에 승마(Horse Riding) 체험을 하기로 했다. 승마는 여행 중 꼭 해보고 싶은 체험이었는데, 사막에서 말을 키우며 살아가는 진짜 카우보이들과 하게 되어 더욱 뜻 깊다. 그들은 우리 일행을 이끌고 사막 여기저기를 지난다. 흙먼지가 자욱한 우리 탐험대의 앞과 뒤는 제법 길어 보인다. 사막에서 말을 타는 기분을 어떻게 설명해야 할까. 분당 실내 승마장이나 파주 승마장, 혹은 제주 승마장에서 단순히 트랙을 도는 것과는 비교조차 안 된다. 비용도 겨우 40달러라니, 전혀 아깝지 않은 체험이었다. 다영이가 탄 말 이름은 '젤리', 내가 탄 말 이름은 '앤더슨'.
　다시 여정을 계속했고, 한 낮 3시 경 '레이크 포웰'에 도착했다. 온도계는 42°를 가리킨다. 유난히 더운 여름이다. 호수 이름은 글랜 캐년(그랜드 캐년이 아님)과 아름다운 콜로라도 강 탐험으로 유명한 탐험가 포웰의 이름에서 나왔다. 미국의 서남부 지역 전체는 융기와 침식이 반복된 어마어마한 사암 지대이자 사막 기후이다. 그래서 낮에는 덥고 밤에는 춥다. 그렇다고 방울뱀이나 표범이 사는 것은 아니니 안심해도 좋다. 어쨌든 탐험가나 여행자에게 이 호수는 오아시스 그 자체였다고 한다. 글랜 캐년은 그랜드 캐년의 앞에 위치한 캐년이다. 이 물이 그랜드 캐년 협곡 안으로 흐르는 콜로라도 강이 되고 네바다를 지나 태평양으로 흘러간다.

미국에서 2번째로 큰 호수인 포웰 호수도 대단한 오아시스지만 호수에 설치된 글랜 캐년 수력발전소 댐도 장관이다. 1956년 착공하여 1964년에 완공된 이 댐 높이는 216m에 이르며 8개 발전기가 운영되고 있다. 이 대단한 호수에서 수상보트도 타고, 수영도 하며 바다에서 노는 듯 즐거운 하루를 보냈다. 협곡 안으로 들어가는 보트 투어는 특별한 체험이 되기에 충분한 모험여행이다.

환상적인 인테리어로 포웰 호수를 파노라마로 감상하며 식사할 수 있는 레스토랑에서 외식하기로 했다. 다영이는 여기서 먹은 치즈버거가 가장 기억에 남는다고 한다. 이 날의 저녁식사도 평생 잊을 수 없다. Great라는 표현도 부족함이 있다. 다시 한 번, 꼭 가고 싶은 레스토랑이다. 엄청 큰 치즈버거를 두 손 가득 입에 넣는 다영이는 포토 세례를 받았는데 그 모습이 꼭 하마 같다.

트렉아메리카 아리조나 Horse Riding 체험.

경이로운 모뉴먼트 밸리 풍경.

> **모뉴먼트 밸리**
>
> 새벽에 소나기, 세탁 3달러 + 드라이 25센트, 와이파이 무료, 세탁실에 무료 인터넷 컴퓨터 있음.

9일째, 1100m 콜로라도 고원지대

　수 많은 미국여행 전문가와 미국인이 최고의 여행지로 손꼽는 여행지가 모뉴먼트 밸리이다. 뉴욕이나 LA 같은 대도시에서는 느낄 수 없는 진정한 미국의 모습이 이 대자연 안에 있다. 우리가 백두대간의 금강산과 지리산을 중요히 여기듯 그들은 그랜드 캐년과 모뉴먼트 밸리를 매우 신성시 여긴다. 언제나 나를 설레게 하는 여행지, 지금도 다시 보고 싶은 여행지, 그리고 내가 다시 갈 여행지 모뉴먼트 밸리로 떠나자.

　먹는 게 남는 거다. 월마트에서 먹거리를 충분히 준비하여 발길을 재촉했다. 소나기가 내린다. 구름 한 점 없는 사막에도 한 달에 한두 번 비가 내린다하니 경이롭다. 심지어 눈도 온다고 한다. 하긴 물도 없는 곳에 비라도 없으면 어찌하랴. 초여름 날씨처럼 선선함이 뜨거웠던 어제와 대비를 이룬다.

　저 멀리 나바호 혼령 가득한 모뉴먼트가 보인다. 투어 리더가 차

멋진 카우보이와 모뉴먼트 밸리.

를 세웠다. 멀리서 느낌 한 아름 안고 가자한다. 이미 일행은 모뉴먼트 밸리 가장자리에 있는 것이다. 40억 년 전 태고의 모습이 바로 이런 모습 아닐까? 어떻게 자연의 탄생과 조화가 이럴 수 있을까? 그저 지질학적 풍화작용으로 이해하기엔 예의가 아니다. 붉은 빛깔 산화철 성분은 흙을 기운차게 표현하고, 회백색과 푸른 빛깔 산화망간 성분은 겹겹의 단층으로 그 나이를 가늠하게 한다. 대자연의 영적 신비가 가득한 모뉴먼트 밸리는 신성함으로 가득하다. 드문드문 벽화도 그 신성함을 표현하며 우리에게 공간을 내어주는 듯하다.

나바호 인디언의 전설, 벽화들 중 하나.

상처는 치유되어도 흉터는 남는다

나바호 원주민 거주지, 모뉴먼트 밸리를 어떻게 표현해야 실감 날까? 사진 몇 장으로 가능할까? 영화를 본다면 더욱 감명 있을 거 같다. 카우보이 영화가 제격이다. 어린 시절 〈토요명화〉와 〈명화극장〉은 역마차, 황야의 무법자, 아파치 인디언 같은 영화에서 아메리카 원주민과 미국인간 갈등을 보여주는데, 여기는 원주민의 영혼과 신, 역사가 담겨있는 대자연이다. 일제 시대 일본인이 조선 여기저기를 파괴하듯 미국인도 원주민의 땅 대부분을 파괴하고 말았다. 그래서 이곳은 진정한 아메리칸을 만날 수 있어 가치가 높다.

모뉴먼트 밸리 풍경.

    일행은 나바호 원주민이 운전하는 4WD 지프를 타고 밸리로 들어섰다. 그는 인디언이 아닌 '아메리칸 원주민'으로 불러주길 요청한다. 사실 여기는 인도가 아니니 인디언이 아닌 게 맞다. 우리는 서양인들이 부르는 호칭을 여과 없이 사용하는 게 아니었다. 그래서 이 책에서는 인디언이 아닌 원주민이라 소개한다.
    수많은 모뉴먼트는 전설과 이름을 간직하고 있었다. 세 자매 상, 태양의 눈, Moccasin Arch, Big Hogan 그리고 원주민 벽화까지 멋진 장소엘 갈수록 감동이 밀려온다. 아이들은 성지의 전설보다 고운 모래 위에서 뛰어놀고 떠드는 것이 더 즐거운가 보다. 뒹굴고

(상) 모뉴먼트 밸리를 승마로 여행하는 모습.
(하) 모뉴먼트 밸리를 지프 투어로 여행하는 모습.

뛰고 잡고 노는 모습이 대자연과 묘한 조화를 이룬다. 이 모습이 자연스럽고 보기에 좋다.

아쉬워하는 아이들을 불러 가장 추천할 만한 장소인 '아티스트

나바호 원주민 가이드가 아이들 놀이시간을 주다.

포인트'로 향했다. 여기서 보는 장관은 상상을 초월한다. 몇 시간을 있어도 지루하지 않다. 사면의 장엄한 경관은 인간을 숙연케 한다. 신들의 영역에 들어온 그 감격을 어찌 잊을 수 있을까.

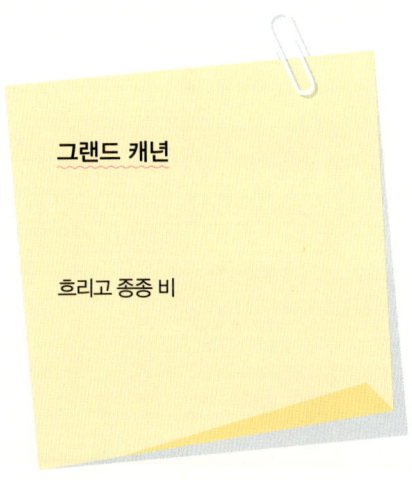

그랜드 캐년

흐리고 종종 비

<u>10일째, 1700m 고지대</u>

　기다리고 또 기다리던 그랜드 캐년으로 떠나자니 모뉴먼트 밸리를 떠나는 게 아쉽다. 미국의 대자연은 어찌 이리 매력적인지. 그래서 죽기 전에 꼭 여행할 곳으로 선정되었나보다. 밴은 아리조나 주 시차 변경선을 타임머신 탄 듯, 통과하며 1시간 전 과거로 돌아갔다. 다시 미국에 온다면 모뉴먼트 밸리에 다시 오리라 다짐하며 아쉬운 해후를 뒤로했다.

　차는 삼거리 맞은편 도로표지판(왼편은 '사우스림', 오른편은 '노스림')에서 여지없이 사우스림으로 향한다. 설렌다. 1999년 2월에 왔을 때는 눈이 내린 겨울이라 트레킹 할 수 없었다. 이번에는 기다림 끝에 그랜드 캐년 트레킹을 생각하니 기대가 벅차오른다. 구름 끼고 가랑비 내리는 날씨 속에 어린 다영이가 트레킹하는 것은 쉽지 않을 텐데 걱정이 앞선다. 그러나 다영이는 항상 에너지가 넘치고, 얼굴에서 스마일이 떠나지 않는다. 기특한 녀석.

그랜드캐년 입구.

　사우스림에 들어서니 넓은 평야에 나무가 가득하여 깊고 깊은 밀림 같다. 1919년 국립공원으로 지정되고 1979년 유네스코 자연유산에 등재된 그랜드 캐년은 총 길이 447km로 규모가 경부고속도로와 비슷하다. 너비가 6~30km에 깊이가 1,500~2,000m에 이르는 대자연은 협곡을 동서로 가르며 흐르는 콜로라도 강이 장관을 이룬다. 미국 최고의 경관이라 해도 과언이 아니다. 특히 캐년 협곡 안 '하바수 호수'는 아름답고 신비로운 곳이라 3~4일 머무는 여행자에게 강력 추천하는 곳이다. 림에서 16km 아래 수파이 마을에서 숙박 후 폭포를 가야 한다. 여전히 나바호족, 하바수파이족이 살고 있어 그 매력을 더한다.

　처음 방문하는 여행자라면 사우스림 여행이 적절하다. 5~10월이 최적의 여행시기이므로 이때를 활용하되, 겨울에 눈 덮인 모습과 운무를 보게 된다면, 그것 또한 행운이다. 실로 대자연 중에 대

그랜드 캐년 캠핑장에 나타난 야생 사슴.

자연을 만나는 아름다운 추억은 평생을 간직하게 하기에 충분하기 때문이다. 비오는 오후, 캐년 아래 운무는 신비감을 머금고 있었다. 흩날리는 바람을 타고 올라오는 구름은 신선의 구름인 듯 날듯이 올라온다. 우산 들고 비옷 입은 여행자들이 여기저기서 탄성을 지른다. 비오는 날의 캐년이 어찌 이리 아름다울 수 있을지……. 지금도 생생하다.

차에서 영어로 말 잇기 게임도 하고 그림도 그리며 장난하고 놀던 다영이도 신기한 듯 놀라서 감상한다. 구름 사이로 문득문득 햇살이 비추이고, 개일 듯 말 듯 고민하고 있나 보다. 일행이 캐년 트레킹을 잘 하도록 길을 터주길 기도해 본다.

투어리더와 밴을 타고, 차 없이 여행할 수 없는 캐년 여기저기를 탐방했다. 우리는 시설 좋은 마더 캠프그라운드에 텐트를 세팅했는데, 근처에 커다란 순록 4~5마리가 유유히 풀을 뜯고 있었다.

아이들은 어른보다 큰 순록을 보며 신나하면서도 그 크기에 놀란 듯하다. 아무렇지 않게 식사 중인 그들을 보니 미국인의 동물보호가 어떠한지 느껴진다.

저녁식사를 마치니 아이들이 캠프파이어 하자고 난리다. 종종 했던 캠프파이어에 재미가 단단히 든 모양이다. 이미 아이들은 친척마냥 잘 지낸다. 영국 아이, 중국 아이, 한국 아이들과 어른들이 모닥불 둘레에 빙 둘러앉아 각 나라 언어로 말 잇기 게임을 하는데 한 번도 성공하질 못한다. 모두 황당한 표현에 너무나 즐겁고 행복하다. 영어, 불어, 한국어, 중국어, 스페인어 등 동원 가능한 모든 외국어가 사용되었지만, 현격한 발음 차이로 성공은 불가능했다. 함께하는 여행의 즐거움이 모든 시름을 씻어 내고 있었다. 역시 여행에서 중요한 것은 언어가 아니라 열린 마음과 넉넉한 스마일이란 것을 다시 한 번 깨닫는다. 이어서 폭죽놀이(안전하고 조용한) 하고, 차도 마시고, 아이들 춤도 구경하며 두어 시간 넘게 그랜

다국적 가족과 즐거운 캠프 파이어.

드 캐년 품안에서 놀았다. 내일의 트레킹을 환영하듯 밤하늘에 별들이 눈부시다. 미국은 어디서나 별이 밝아 좋다.

11일째,
그랜드 캐년 트레킹

화창, 34°, 엔젤 랏지 와이파이 양호

오늘은 자유일정이다. 각자 아침 먹고 준비되는대로 여행을 떠나면 된다. 다영이는 마지막 남은 육개장 사발면을 먹고 떠날 채비를 마쳤다. 요세미티, 자이언 캐년, 브라이스 캐년 그리고 그랜드 캐년 등 미국 서부 4대 지역 트레킹 완주를 앞두고 있다. 아마도 다영이가 대한민국 〈최연소 어린이(만 6세) 3대 캐년 트레킹 완주〉 기록을 세운 게 아닐까 추측해 본다. 아침 일찍, 그랜드 캐년을 향해 길을 나섰다. 캠프 앞에서 셔틀을 타고 한 번 갈아탄 후, 브라이트 엔젤 트레일이 시작되는 Bright Angel Lodge로 가면 된다.

그랜드 캐년 국립공원은 공원관리가 엄격하기로 유명하다. 전 지역 관리자와 자원봉사 인원을 합치면 천여 명이 넘는다고 한다. 쓰레기 없는 철저한 환경보호 관리, 당나귀 트레킹, 여행자 참여형 다양한 관리지원 프로그램, 원주민 거주구역, 캠핑장 안전관리, 레인저 순찰시스템 등이 실례이다. 예를 들어 캠핑장에서 테이블에 음식을 두고 떠난 것이 적발되면 벌금이 300달러이나 부과된다고 한다.

사우스림에서 대표적인 트레킹 코스는 1. Bright Angel Trail,

2. South Kaibab Trail, 3. Hermit Trail 등이다. 나는 'Bright Angel Trail'을 선택했다. 가뿐한 마음으로 마지막 트레킹을 시작했다. 코스는 4가지인데, 왕복 4.8km 1번째 휴게소 리턴 코스(4시간 소요), 왕복 9.6km 2번째 휴게소 리턴 코스(6시간 소요), 왕복 14.4km 인디언 가든 리턴 코스(9시간 소요), 왕복 19km 플래토 포인트 리턴 코스(12시간 소요) 등이다. 나는 '플래토 포인트 코스'를 하고 싶었지만, 다영이 체력을 고려해 왕복 4시간 코스로 아쉬움을 달랬다.

다영이가 까마득한 아래를 보더니 올라올 걱정에 엄살이다. 발가락이 아프다 다리가 아프다 하면서 말이다. 잘 하면서도 시작 전에 엄살 부리는 것이 작전인지 진짜인지 헷갈린다. 엄살이 분명한데 잘 설득해 데려가야 하는 것이 아빠의 임무니 방법을 찾아보자. 그런데, 계곡의 다양한 다람쥐와 당나귀 우체부, 독수리들을 보여주며 구슬렸더니 동물 애호가라 동물과 놀 마음에 걷다 쉬다 한다. 나도 마지막 트레킹이니 쉬엄쉬엄 하고 싶었고, 다람쥐랑 놀다가 10여 마리 당나귀 우체부가 지나갈 때 지켜보기도 하면서 어린이 레벨 트레킹 프로그램을 가동했다. 문제는 저 당나귀 타고 내려가게 해 달라 조르는 것인데, 이미 지나갔으니 다음에 오면 부탁해본다 하고 손잡고 또 걷는다. 모든 게 부녀간의 추억이겠지 싶다.

70대의 할머니와 간난 애기까지 많은 사람들이 걷고 있다. 뛰는 사람도 있고, 장거리 트레킹 때문인지 무거운 배낭을 메고 가는 여행자도 보인다. 여덟 살 꼬마 여자애가 걷는 것을 힐끗 거리며 힘을 내는 트레커도 있고, 벌써 올라오는 사람도 있다. 그러나 희한하게도 한국인이나 동양인 트레커는 드물었다. 이유인즉 대부분 1~2시간 관광하고 사진 찍고 떠나야 하기 때문이란다. 개별여행 온 여행자도 숙박지가 없어서 대강 둘러보고 떠나야 하기에 트레킹 할 여유가 없다고 한다. 트렉아메리카는 대부분 대자연 여행지에서 1박 2일에서 3박 4일까지 머물므로 현지를 충분히 여행하기 좋다.

반환점을 돌아 우여곡절 끝에 출발장소로 귀환했다. 낮 12:30. 대단한 4대 트레킹을 마친 것을 함께 자축하며 공주가 좋아하는 치즈버거 점심을 위해 브라이트 엔젤 랏지로 갔다. 점심 후, 소화도 시킬 겸 '림트레일'(강력추천)로 들어섰고, 걸으며 장대한 캐년과 수천 년, 수만 년 된 지층의 돌들을 감상할 수 있었다. 트레일에 있는 지오로지 뮤지엄을 답사하고 종착지 비지터 센터에 도착했다.

이번 여행 모든 트레킹을 종료하는 순간이자 다국적 영어여행 〈Since 1972 트렉아메리카〉 Western Dream의 실질적 일정을 마치는 것이다. 다영이에게 물었다. "힘들었지? 다영아, 우리 공주는 미국을 여행하며 무얼 느꼈니?"라고. 은근히 기대했는데, 답이 명답이다. "재미있어, 그리고 힘들고 더워, 엄마 보고 싶고, 땅이 커, 미국사람 많구, 원주민과 흑인 괴롭힌 거 나빠" 등등. 나중에 커서 동생들 데리고 미국을 여행하겠다고 했다. 지금도 다영이는 방학 때마다 여행기를 업그레이드 하고, 모든 루트를 기억하며, 미국관련 호기심이 많다.

마지막 저녁은 투어 리더 혼자서 환상적인 아메리칸 스타일 바비큐를 준비했다. 풍성한 소고기 등심, 수 많은 닭 다리, 구운 옥수수, 아름다운 양파 꽃과 구운 야채들 그리고 맛있는 BBQ 소스까지. 맥주와 와인, 콜라를 곁들인 마지막 만찬은 분명 행복했지만, 내일의 헤어짐에 모두들 아쉬움을 간직하고 있었다.

라스베가스에 도착하며

맑음, 와이파이 양호

12일째
그랜드여행 마지막 날

이른 아침 7시, 그랜드 캐년 전체를 체험하는 헬기 투어 옵션을 위해 공항으로 갔다. 신청서 쓰고 8시에 헬기 투어는 시작되었다. 영국인 가족을 제외하고 모두 참여했는데, 나는 50분 투어(280달러), 다영이와 일행은 15분(150달러) 투어에 참여했다. 노스림에서 사우스림까지 구석구석 탐사한다. 비싼 가격도 전혀 아깝지 않을 만큼 특별한 체험, 그것이 그랜드 캐년 헬기 투어*이다. 특히 캐년 사이로 흐르는 콜로라도 강은 굽이굽이 숭고함마저 느껴졌고, 다음번에는 콜로라도 래프팅을 하리라 다짐해 본다.

---

* 헬기투어 동영상은 Naver 〈허클베리핀 여행학교〉카페의 '카페지기 여행기 게시판'에 올렸으니 감상해 보세요.^^

라스베가스에 입성하다.

오전 10시, 트렉아메리카 여행에 대한 피드백 설문지 작성 후, 인간이 원하는 모든 게 가능한 환상의 도시 라스베가스로 출발~!

트렉아메리카 여행 종료 후, 여행자는 참여결과에 대한 평가서를 작성한다. 약속한 일정대로 진행했는지, 식사는 어땠는지, 안전한 여행을 했는지, 추천하고 싶은 여행지와 불편사항은 무엇인지, 투어리더는 친절했는지 등등.

트렉아메리카에서 다영이와 나는 외국인 가족 문화를 교류하며 체험할 수 있었고, 대자연에서 많은 대화를 하며 도전정신을 키웠다. 다영이는 영어가 왜 필요한지를 깨달았고, 미국에 관심을 갖고 호기심으로 공부하는 기회가 되었다. 우리는 지금도 미국여행 추억을 얘기하며 부녀간 사이를 돈독히 한다.

이제 미국여행도 보름이 넘어섰다. 요세미티에서 '극복'후 여행가 딸답게 완전 적응한 듯싶다. 이동하고, 여행하고, 트레킹하기,

다국적 여행팀, 눈물을 흘리며 헤어지다.

낯선 사람과 어울리고 친구 되기, 텐트에서 자고 설거지 하기, 차 안에서 외국인과 편견 없이 놀기, 틈틈이 여행지 공부하기 등 여행 중 많은 경험이 다영이 마음에 스며들었다. 어른도 쉽지 않은 여행을 8살 여자아이가 참 잘해 주었다. 기특하고 대견하다.

 이런 저런 생각을 하고 있는데, 벌써 헤어짐과 새로운 만남이 있을 라스베가스에 다다르고 있었다. 곳곳에 라스베가스가 멀지 않았음을 알리는 도로 표지판이 보인다. 겜블링과 엔터테인먼트, 여유를 즐기는 사람과 타락한 지하세계가 공존하는 도시, 수많은 여행자와 호텔과 식당들, 인간이 원하는 모든 쾌락이 있는, 라스베가스는 누구나 한 번쯤 가보고 싶어 하는 도시다. 어느 연예인의 대박은 이 도시를 더 유명하게 했지만, 나는 겜블링을 전혀 못한다. 아니 하지 않는 것이 정확한 표현이다. 두 번씩이나 온 라스베가스에서 겜블로 단 1달러도 쓰지 않았으니까. 그러나 지금은 재미삼아 배워보고 싶다.

오후 5시, 마지막 종착지 알렉스파크 호텔에 도착했다. 어린 제임스는 다영이와 일행과 헤어진다고 눈물이 범벅이다. 다영이는 곤한 잠에서 깨웠다고 눈물이 범벅이다. 다시 만날 그 날을 기다리며 모두들 아쉬운 마음을 안고 기념사진을 찍었다. 이제 정말 이별이다. 언제 또 볼 날이 있을지. 지금도 12일간 여행한 그들과의 추억은 잊을 수가 없다.

이별을 뒤로 한 채, 삼겹살 먹을 날만 기다린 공주를 위해 라스베가스 코리아타운으로 향했다. 복합 쇼핑몰에 한진택배, 대형마트, 한식/중식 등 웬만한 것은 다 있었다. 든든히 먹고 야경여행을 나섰다. 화려한 네온사인, 미라지 호텔 분수 쇼, 호객하는 호텔 쇼들은 라스베가스를 현란하게 한다. 호텔 건설공사가 멈추지 않는 호황, 횡단보도를 없애 호텔과 호텔을 연결시킨 상술, 고급 부티크 등 나날이 호화로운 도시로 변모 중이다. 다영이는 걷다가 호텔의 쇼걸이 링에서 추는 현란한 춤사위에 빠져있다. 정확히는 부녀가 함께 빠져있었다. 이제 가자고 해도 가려하지 않는다. 등줄기로 굵은 땀이 흐르고, 온 몸은 땀에 젖어 있다. 공주도 커다랗고 현란한 라스베가스 놀이터에 흠뻑 젖어 있다.

늦은 밤 10시, 라스베가스에서 가장 유명한 O쇼를 관람하러 벨라지오 호텔로 가고 있다. 좀 일찍 하면 좋을 텐데. 복잡한 길들을 걷고 걸어 103열 중앙의 무대와 가까운 명당자리에 앉았다. 대학시절 '거지 형 배낭여행'이 한이 되었는데, 직장에서 돈 벌어 공연을 본다 생각하니 좋긴 좋다. O쇼는 물과 모험, 그리고 환타지 서커스가 다이내믹하게 스토리로 구성된 스펙타클 쇼이다. 첨단의

샌디에고 여행의 보물, 트램.

무대규모도 대단하지만, 연기자의 고난도 기술과 물의 특성을 살린 조화로운 스토리는 상상 그 이상을 보여준다. 역시 라스베가스 밤은 세계에서 가장 화려하고 놀기 좋은 도시임에 틀림없다.

라스베가스를 떠나며

맑음, 와이파이 양호

7월 29일, LA로 출발

미국에 도착한 지 16일 째가 되었다. 이제 떠나고 만나고 여행하는 것이 생활인 듯싶다. 둘이서 LA와 산타모니카, 샌디에고를 여행하러 버스터미널로 간다. 그 후엔 보스턴까지 항공기로 이동하고, 기차와 차이나버스, 국내선을 이용하여 뉴욕, 필라델피아, 워싱턴, 올랜도를 더 여행한 후 37일째 한국으로 돌아간다.*

학창시절 미국여행을 준비할 때는 책으로 여행했고, 4학년 끝자락에 미국을 체험으로 여행했다. 그렇게 Daum에 최초로 미국여행을 소개하는 여행 카페를 운영하다 본격적으로 여행가의 길에 들어섰다. 그렇게 20년 넘 되었지만 여전히 부족함을 느낀다. 미

---

* 지면 여건상 올리지 못한 여행기는 Naver 〈허클베리핀 여행학교〉 카페에서 확인하실 수 있어요.

국을 이해하여 더 강한 나라, 더 좋은 대한민국을 만들겠다던 어린 날의 결기는 벌써 20년 넘게 미국을 여행하게 하지만, 그런 작은 소명은 여행가로서 인생에 끊임없는 자긍심이 되어있다. 그렇게 지방행정연수원 여행자문위원이 되어 나라를 바꾸는 여행을 컨설팅하고 있고, 좋은 여행가들과 허클베리핀 여행학교를 운영하며 착한 여행, 공정 여행, 진정한 여행을 강의하고 안내하고 있다.

미국여행에 완전 적응한 8세 꼬마, 다영 여행가.

아이와 떠나는 여행 Tips

1. 여행 출발 1년 전부터 국내여행과 답사, 트레킹하며 체력과 여행습관 기르기
2. 수준에 맞는 미국 역사, 대통령, 사회관련 책 읽기, 먼나라 이웃나라 강추!
3. 허클베리핀 여행학교 '토요 여행세미나' 전문가 강의 듣기
4. 미국여행 루트 함께 설계하기, 부모와 아이가 함께 여행 떠나기
5. 루트에 뮤지컬, 테마파크, 해변에서 놀기, 수영장, 놀이터 등 아이들 눈높이를 맞추자.
6. 미국음식에 미리 적응시켜 현지 음식 즐기게 하자. 종종 한국음식 먹기.
7. 여행 중 지하철 표 끊기, 주문하기, 돈 바꾸기 등 한국에서처럼 사회체험 시키자.
8. 트렉아메리카 가족여행 참여하여 영어연수 & 글로벌 교류체험과 자신감을 키워주자.
9. 이동 중 가져간 책으로 퀴즈 타임을 갖자. 아는 만큼 보인다.
10. 자기 가방관리, 씻기, 숙제, 책읽기, 영어공부 등 기본적인 학습은 스스로 하자.

트렉아메리카 여행에 대하여

인터넷에 여행 정보도 없던 시절인 1996~98년 중국여행과 미국여행을 무던히 고민했다.

결국 1998년 1월, 미국여행과 트렉아메리카 대륙횡단 결정은, 내 인생은 물론 많은 여행자의 인생에 큰 영향을 주는 경험이 되었다.

역 찾고 터미널 찾아 헤매며 너무 힘들지 않아도 되고,

숙소까지 배낭 메고 캐리어 끌며 찾아다니는 수고가 없는 여행,

좋은 여행지가 어디일지 검색하지 않아도 대자연과 문화, 현지 사회와 인문을 담은 여정,

안전하게 낮을 즐기고, 나이트 라이프를 즐기게 해주는 트렉아메리카 여행.

놀라움을 넘어선 경이로운 대자연을 만나면, 그 눈물 나는 감동으로 Since 1972, 트렉아메리카에 감사해 하지 않을 수 없다.

외계 혹성에 온 듯한 '모뉴먼트 밸리'에서 자연의 경이와 인디언 문화를 만나고, 로키의 수많은 캐년을 산책하듯 트레킹하며, 중남미 아마존의 숨겨진 속살을 만나게 된다.

함께 이동하고 가족처럼 숙박하지만, 도착해서 자유여행을 하는 트렉아메리카 여행은, 뉴욕과 샌프란시스코는 물론, 캐나다 밴쿠버와 퀘벡을 폼 나게 여행하도록 돕는다.

칸쿤과 키웨스트는 물론, 샌디에고와 할리팩스에서 특별한 휴양을 보장해 준다.

화려한 라스베가스의 갬블링과 쇼, 젊음 가득한 리우데자네이루의 추억은 젊음이 된다.

트렉아메리카에서 가장 인상적인 경험은 현지를 깊이 있게 체험하고

즐겁게 여행한 것이다.

투어리더는 여행자와 가족여행 아이들 여행안전은 최우선으로 고려해 주었다.

대자연의 깊고 편안한 품안에서 선사하는 감동은 내 마음을 치유하여 행복감을 주었다.

미국과 캐나다 문화를 만나고, 멕시코와 쿠바 문화 그리고 중남미 문화를 현지인처럼 느끼고 공유하며 기쁨을 느끼는 것이다.

지난 50여 년 동안, 13명 소그룹 여행으로 여행자가 가족이 되는 것을 꿈꾸는 트렉아메리카는 동양인과 서양인의 만남, 동양문화와 서양문화의 융합, 그렇게 친구 되어 지구를 걸으며 아름다운 지구를 만들고 싶어 한다.

대학교 4학년이던 학생시절 참여한 트렉아메리카 여행은 이렇게 제 인생이 되었고, 열정으로 맡게 된 지난 16년간 트렉아메리카 한국 총괄이라는 직책은 즐거움이자 보람이 되었다. 특히 지난 30년간 1만여 명 한국인 여행자가 참여한 트렉아메리카 여행은 그들의 삶에 중요한 추억이 되었음을 믿는다.

20년 전 트렉아메리카 여행은 영어도 못하고, 외국인만 보면 긴장하던 청년에게 영어 실력과 글로벌 자신감을 주어 '지방행정연수원' 여행자문(2016~18)을 하게 해준 공로이다. 내가 그랬듯 다른 사람들도 그 감동을 즐길 수 있기를 응원해 본다.

여행은 사람을 바꾸고, 사람은 세상을 바꾼다. 이것이 트렉아메리카의 기적이라고 생각해 본다.

트렉아메리카, 대자연을 즐기다

미국 디트로이트를 향해 비행하는 델타 158편 하늘 위 차창 밖으로 보이는 중동부 지역은 4월말임에도 불구하고 여전히 동토인 듯하다. 여행가로 살면서 세계의 멋진 곳을 많이 여행했지만, 미국의 대자연만큼 인상적인 곳은 없는 것 같다.

알래스카 매킨리 산(6,190m)을 경비행기로 랜딩하여 체험하는 빙하 투어,
400km 넘는 그랜드 캐년 위에서 아래로 내려가며 즐기는 트레킹,
길이 300km, 둘레 3,220km의 거대한 규모인 레이크 포웰 보트 투어,
용출수를 뿜으며 형형색색의 아름다움도 뿜어내는 옐로스톤 국립공원,
하와이 주기적으로 폭발하지만 안전하게 여행할 수 있는 킬라우에아 활화산 헬기 투어,
경이로운 우주의 미학을 보여주는 페어뱅크스 오로라 여행까지,
무엇보다 압권은 외계 혹성 같은 나바호 인디언의 성지 모뉴먼트 밸리 1박 2일 호건 투어이다.
45억년 동안, 지구가 빚어낸 대자연은 인간이 만든 아무리 대단한 문화유적과 즐거운 사회여행지도 압도한다. 자연과 문화를 이해하는 것이 진정한 인문이 되듯 미국 대자연은 경외감으로 가득하다.
그래서 미국인은 이런 대자연 보호와 보존을 위해 사람들이 살거나 호텔을 짓는 것을 제한했고, 존뮤어 트레일과 요세미티 하프 돔 등 많은 대자연은 출입이 제한된다. 그 결과 대자연 관광은 허락되지 않지만, 대자연 속에서 힐링하고 보호하는 캠핑여행은 허락된다.
특히 이런 현실로 인해 대중교통이 없는 불편을 〈Since 1972 트렉아

메리카〉가 잘 보완하여 친환경 대자연 여행 프로그램으로 평생 잊지 못할 추억을 남겨주고 있다. 트렉아메리카에 조인하면 옐로스톤과 그랜드 캐년 트레킹은 물론 모뉴먼트 밸리 나바호 호건숙박 및 투어도 가능하다.

각 캠프 규정을 준수하며 BBQ 디너를 하고, 가로등 하나 없는 대자연 밤하늘에 쏟아지는 별을 감상한다. 자연 안에서 세계 각지 여행친구들과 추억을 쌓고, 새벽 해돋이의 경외감으로 전율하기도 한다. 따듯한 커피 한 잔과 자연을 느낀다면 더욱 좋고, 멋진 친자연 랏지 발코니에 앉아 석양을 감상하는 것도 운치가 있다.

아메리카 북부 알래스카 대자연 여행도,
캐나다 서부 로키의 경이로운 대자연 여행도,
미서부에 가득한 대자연 여행도,
쿠바의 환상적인 캐리비안 해안과 페루 마추픽추 잉카 트레일 여행도,
트렉아메리카 참여하면 그 진정한 가치를 체험하게 된다.

첫째는 대자연을 체험하는 것이고, 둘째는 문화를 체험하는 것이 여행의 핵심이라고 하는데, 지난 50년간 '대자연과 문화 체험'에 집중한 트렉아메리카는 세계적 찬사를 받기에 부족함이 없는 것 같다.

트렉아메리카, 레스토랑 에피소드.
20년 전, 가난한 배낭여행자로 여행했을 때, 미국의 모든 맛난 음식들이 그림의 떡이었다.
생각해 보면 다른 경비를 줄이거나 여행비를 보강하여 미국을 이해하는 데 도움이 되는 맛집 체험을 최소한이라도 하는 게 옳았다는 아쉬

움이 남는다.

재즈 음율 가득한 뉴올리언스에서 고풍을 즐기는 맛 집, 샌프란시스코 피어 39의 씨푸드 레스토랑, 라스베가스 벨라지오 뷔페 등등.

사실 미국은 경비 부담 없이 맛있는 레스토랑이 꽤 많은 편이다.

금강산도 식후경, 먹는 것이 남는 것.

요즘은 인스타 그램과 블로그에 맛난 음식과 맛 집 정보가 넘쳐나지만, 트렉아메리카 여행 중 여행친구와 만들어 먹는 웨스턴 가정식 집밥도 인상적이었다.

친구들과 재료 손질하고 낯선 음식을 만들어 이를 서브하여 먹다보면, 서양인들이 이렇게 다정한데 괜한 오해를 했다는 후회가 된다.

나 홀로 해외여행 하다 보면, 수시로 혼밥 혼술을 하게 된다.

트렉아메리카는 세계에서 조인한 10~13명 여행자가 있어서 즐거운 분위기에서 식사를 한다.

다만 아쉬운 점이 있다면, 서양친구들이 식사시간에 참 말을 많이 한다는 것이다. 그렇게 가족처럼 지내고 식사시간을 마음껏 즐기는 것 같다.

딸아이와 트렉아메리카 가족여행 참여했을 때, 만난 엄마 여행자들 모두 40대 여행자였고, 멋진 요리로 즐거운 디너시간을 만들어 주어 항상 기다린 추억이 있다. 젊은 시절 가난한 배낭여행자가 40대가 되어 아이랑 여행하다 보면 트렉아메리카로 인해 만감이 교차한다.

투어 리더는 미국, 캐나다, 중남미의 여러 맛 집들로 여행자를 인도한다.

필라델피아 비프 샌드위치, 뉴올리언스 남부음식 레스토랑, 아리조나 스테이크, 나바호 인디언 타코, 루트 66 햄버거와 멕시칸 레스토랑 등 즐거운 맛 집 식사를 체험한다. 음식은 그 나라 사회를 이해하는 좋은 체험이 되어 준다.

1998년 미국배낭여행 시절, 식재료 구입을 위해 월마트에 가본 후, 슈퍼마켓만 있는 한국에도 이런 대형마트가 있으면 좋겠다고 생각했는데, 몇 년 후 이마트가 생기기 시작했다.

여행하다 보면, 이런 아이디어와 사업기회를 찾을 수 있는 것도 여행이 가진 큰 특혜이다.

미국에는 원주민 음식도 있고 유럽 이주민 음식도 있으며 아시아 이지문 음식도 가득하다. 게다가 멕시코를 포함한 전 세계 이주민이 모여 살기에 음식도 다양해서 없는 게 없을 정도이다.

미국을 여행한다면, 맛있는 여행을 해야 한다. 입도 즐겁고 배부르지만 그만큼 마음도 채워지기 때문이다.

트렉아메리카, 도시를 즐기다

내 기억 속에서 문득문득 나타나서 설레임을 주는 도시여행 Best 3…

샌프란시스코 베이 브릿지를 건너며 바라본 샌프란시스코 야경,
거대 도시 뉴욕에 입성하며 바라본 화려한 빛이 가득한 빌딩 숲,
재즈 음율 흐르는 버번 스트리트를 즐겁게 돌아다닌 젊은 밤의 추억.

특별한 추억은 밤이어야 가능하다.
지금 멕시코 수도, 멕시코시티에는 봄비가 내리고 있다.
내일도 트렉아메리카는 아즈텍과 마야 문명을 간직한 도시로 떠날 것이다.

도시의 낮을 즐기고 밤을 즐겨본다.
도시의 문화를 즐기고 도시를 윤색한 화려함을 즐긴다.
미국 도시의 사람들 얼굴을 바라보세요. 그들 표정이 무엇을 말하고 있는지.
경쟁이 아닌 좋은 관계를 위해 웃고 떠들고 들어주는 모습
20년간 본 그들 미소는 인생은 이렇게 사는 거야라고 말하는 듯 보인다.

어려서부터 경쟁보다는 화합을 배우며 살아온 그들에게는 무언가 다른 게 있다.
여행하면서 숨바꼭질 하듯 그것을 찾아보자. 그러면 지금 (어제보다) 더 행복해질 수 있을 것이다.

밴쿠버 시내 안 스탠리 파크에서 야생 수염고래를 만난다. 라스베가스 벨라지오 호텔에서 바라 본 화려한 호텔 쇼도 잊을 수 없다. 솔레익 유스호스텔에서 보낸 크리스마스이브의 신나는 밤도 좋았다. 로맨틱한 퀘벡 샤또 쁘랑트낙 호텔에서 꼭 로맨스를 만들어 보자. 2030 젊은 여행자에게 넘치는 에너지를 멋진 도시들이 품어주고, 4050 멋진 여행자에게 넘치는 삶의 여유는 추억을 적시어 준다.

혼자가 아닌 함께 하며 즐기는 트렉아메리카 여행을 출발해 보자.
즐기며 살아 온 그들을 보며 즐기는 그런 즐거운 여행을 떠나자.

여행 하면서 나에게 해야 할 질문 10가지

고대 그리스의 철학자 소크라테스(BC 470~BC 399)는 '너 자신을 알라'라는 유명한 말로써 우리가 더 행복하게 살 수 있는 지혜를 남겨 주었습니다. 사회에 대한 생각, 미래에 대한 생각, 주변에 대한 비판에 앞서 나 자신에 대해 사색하고, 나의 문제를 비판하며, 나를 위한 삶을 판단하라고 제시하였습니다.

여행을 떠나서 나를 되돌아 보는 시간을 갖고, 비울 것은 비우며, 채울 것을 채우는 시간을 가지면, 이번 여행은 나를 위한 진정한 마음치유가 되어 행복 밑거름을 쌓게 되리라 생각합니다.

나에게 어떤 질문을 하면 좋을까요? 아래 질문에 대한 답을 여행 끝날 즈음에 써 보고 간직해 보시길 권해 드립니다.

1. 나는 누구인가?

_____
_____
_____

2. 나는 어디로 가고 있는가?

_____
_____
_____
_____

3. 나의 꿈은 진정 무엇인가?

4. 나는 지금 무엇을 찾고 있는가?

5. 나는 지금 그것을 위해 노력하고 있는가?

6. 나는 진심을 다해 가족의 입장에서 그들을 사랑하고 있는가?

7. 내가 감사해야 할 그 분은 누구인가?

8. 나는 내 행복을 잘 키우고 있는가?

9. 나의 슬픔과 미움은 어디로 향하고 있는가?

10. 나를 힘들게 하는 그 책임들을 슬기롭게 지는 방법은 무엇인가?

"여행은 사람을 바꾸고, 사람은 세상을 바꾼다"

 여행은 나를 더욱 행복하게 만드는 특별한 체험입니다. 여행은 가족과 더 행복해질 수 있는 특별한 기회입니다. 여행은 나에게 삶의 지혜를 마음에 담아주는 고마운 선물입니다.
 그러나 여행이 아닌 관광을 한다면, 여행이 주는 큰 선물을 받지 못할 수도 있습니다. 여행 하며 쌓인 추억들은 살아가면서 활력이 되어줄 나무가 되어 줄 거에요.

트렉아메리카 여행의 추억을 담다

(상) 브라이스 캐년 트레킹을 즐기다.
(하) 그랜드 캐년 헬기 투어를 즐기다.

세계 최고의 경이로운 여행지 모뉴먼트 밸리.

(상) 트렉아메리카 여행 시 들린 루트 66 버거집
(하) 미국 고속도로의 어머니, 루트 66

(우상) 멀리서 본 샌프란시스코
(우하) 자이언 캐년 '내로우스(Narrows) 트레킹'

(상) 트렉아메리카 아리조나 Horse Riding 체험.
(하) 모뉴먼트 밸리 지프 투어 중.

옐로우 스톤 간헐천.

(상) 자연과 호흡하는 트렉아메리카 캠핑장.
(하) 대자연 캠핑의 압권은 캠프파이어 & 밤 하늘 보기.

(좌상) 트렉아메리카 여행 중 즐기는 카누타기.
(좌하) 트레커에게 인기 많은 요세미티 하프 돔 트레킹.